부는 어디서 오는가

부는 어디서 오는가

부자들의 교과서로 읽혀온 부의 원리

Wallace D. Wattles

윌리스 와틀스 지음

다른
상상

부자가 되는 과학

이 책은 철학적이거나 이론적인 논문이 아니라 실용적인 설명서이다. 그 무엇보다 돈이 필요한 사람, 한시라도 빨리 부자가 되고 싶은 사람들을 위한 책이다. 지금까지 부자가 되는 방법에 대해 깊이 있게 공부할 시간과 기회가 없었지만 이제는 행동하고자 하는 사람들 그리고 눈앞의 결실을 얻고자 하는 사람들을 위한 책이다.

책에서 제시된 기본 전제를 믿을 때는 무선통신을 실용화시킨 굴리엘모 마르코니나 발명왕 에디슨이 발표한 전기의 법칙을 받아들이듯 하고, 이를 바탕으로 두려움이나 주저함 없이 행동하여 그것을 증명해주길 바란다. 분명 자신이 원하는 부를 가질 수 있게 될 것이다. 부자가 되는 방법에 적용된 과학은 말 그대로 정밀한 과학에 따른 것이라 실패할 수가 없기 때문이다. 그럼에도 불구하고 철학적 이론과 논리적 기반을 확보하고 싶은 독자를 위해 이 책에서 근간으로 삼고 있는 사상을 소개하겠다.

하나가 전체이고 전체가 하나라는 일원론은, 하나의 본질이 이 세상에서 수많은 형상과 물질로 자신을 드러낸다는 원리를 말한다. 힌두교에서 발생하여 서양 사상에 뿌리내린 일원론은 데카르트, 스피노자, 라이프니츠, 쇼펜하우어, 헤겔, 에머슨 철학 사상의 기초가 되었을 뿐만 아니라 동양 사상에도 깊은 영향을 주었다. 이와 관련된 철학적 전개를 살펴보고 싶은 사람에게는 헤겔과 에머슨의 글을 읽어보기를 권한다.

이 책은 누구나 쉽게 이해할 수 있도록 화려한 미사여구나 현학적인 말들을 제외하고 단순하고 명료한 문체로 핵심적인 내용만을 다뤘다. 내가 여기에서 제시한 행동 계획은 논리적 추론에 따라 철저한 시험을 거친 효과적인 방편들이다. 내가 어떻게 결론을 도출했는지 알고 싶다면 앞에서 언급한 저자들의 글을 읽어보라. 그리고 그 결실을 당신 것으로 만들고 싶다면 이 책을 읽고, 이 책에서 제시한 것들을 모두 행동으로 옮겨보라.

월리스 와틀스

차례

The Science Of Getting Rich

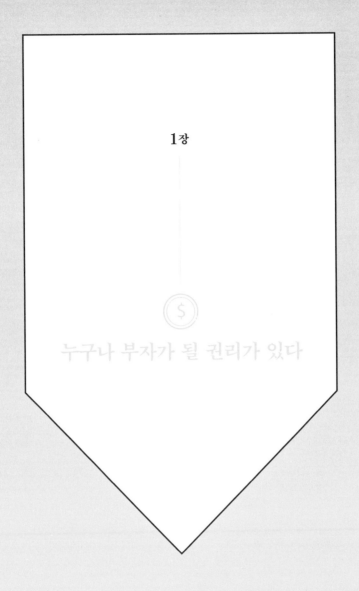

1장

누구나 부자가 될 권리가 있다

사람이라면 누구나 지금보다 더 나은 삶과 더 나은 자신을 바란다. 자신이 타고난 가능성을 갈고닦아 실현하고자 하는 욕구는 사람의 본성이다. 될 수 있는 최고의 존재가 되고자 하는 마음, 그것이 사람을 성공으로 이끈다.

가난을 온갖 말로 포장하더라도 변하지 않는 사실이 하나 있다. 부유해지지 않는 한 진정 성공한 삶에 이르지 못한다는 것이다. 그 누구도 돈에 대한 여유 없이 자신의 재능을 최대한 펼치거나 영혼을 일깨울 수 없다. 재능을 실현하고 영혼을 일깨우려면 세상의 여러 자원이 필요한데, 그것들은 모두 돈으로 얻을 수 있기 때문이다.

사람은 자원을 활용해 몸과 마음과 영혼을 성장시

킨다. 현대사회에서 이러한 자원을 얻기 위해서는 돈이 필요하다. 즉, 모든 성장의 밑바탕에는 부를 얻는 방법, 부자가 되는 과학이 기초가 될 수밖에 없다.

살아 있는 모든 존재의 목적은 성장이다. 누구나 자신이 지닌 재능을 가꾸어 성장의 최고점에 닿을 권리가 있다. 또, 누구나 자신의 몸과 마음과 영혼을 성장시키는 데 필요한 모든 자원을 사용할 권리가 있다. 누구나 부자가 될 권리가 있다는 뜻이다.

나는 이 책에서 부에 대해 비유적으로 설명하지 않을 것이다. 부의 진정한 의미에 대해 사실적으로 설명할 것이다. 진정한 의미의 부는 작은 것으로 만족하는 것이 아니다. 더 많은 부를 갖고 더 많은 부를 활용하는 것이다.

부를 통해 이룰 수 있는 모든 성장을 이루고 아름답고도 풍요로운 삶을 사는 것이 살아 있는 모든 존재의 목적이다. 작은 것을 취하고 만족하는 일은 이러한 목적에 부합하지 않는다. 부자는 더없이 풍요로운 삶을, 바로 자신이 원하는 방식으로 살아가는 사람을 말한다. 돈이 없다면 이러한 삶을 살 수 없다.

시대가 바뀌고 세상이 발전하면서 우리의 삶 자체도 복잡해지고 생활 요건도 크게 향상되었기 때문에, 평범한 사람의 평범한 삶이라는 것의 기준 자체가 높아졌다. 따라서 모두가 말하는 평범한 삶을 누리는 데에도 상당한 돈이 필요하다.

사람이라면 누구나 지금보다 더 나은 삶과 더 나은 자신을 바란다. 자신이 타고난 가능성을 갈고닦아 실현하고자 하는 욕구는 사람의 본성이다. 될 수 있는 최고의 존재가 되고자 하는 마음, 그것이 사람을 성공으로 이끈다.

제대로 꽃피우지 못하고 가능성으로만 남아 있는

재능이 있다면 삶에 후회와 아쉬움이 가득하다. 이런 감정들은 우리 내면에 드러나기를 바라는 재능이나 발휘되기를 바라는 능력이 있다는 증거다. 이를 모두 실현하고, 최고의 존재가 되기 위해서는 여러 자원이 필요하고, 그것들을 얻으려면 부유해져야 한다. 하지만 부유해지는 방법에 대해서는 누구도 알려주지 않는다.

부자가 되기를 바라는 마음에는 문제가 없다. 더 풍요롭고 온전한 삶을 누리고 싶다는 소망은 칭찬받아야 마땅하다. 이러한 사람들을 욕심이 많다고 손가락질하며 풍요롭게 살고 싶어 하지 않는 사람, 원하는 것을 모두 얻을 수 있다는데 그것을 마다하는 사람이 비정상이다.

사람은 세 가지, 몸과 마음과 영혼의 만족을 위해 살아간다. 셋 중 어느 하나도 다른 둘보다 우월하거나 우선적이지 않다. 세 가지 모두 똑같이 중요하고, 그중

하나라도 온전하지 못하다면 나머지 둘도 무너져버린다. 영혼만을 위해 살면서 몸과 마음을 부정하는 일은 바람직하지도 고귀하지도 않다. 마음만을 위해 살면서 몸과 영혼을 등한시하는 일 역시 마찬가지다. 또, 몸을 우선으로 살면서 마음과 영혼을 돌보지 않는다면 끔찍한 결과를 맞닥뜨리게 된다.

진정한 삶이란 몸과 마음과 영혼을 통해 가능한 많은 것을, 되도록 완벽하게 실현하는 것이라는 사실을 이해한다. 어떤 말로 변호해도 몸이 제대로 기능하지 않으면 진정 행복한 삶을 살 수 없듯이, 마음과 영혼이 제대로 기능하지 않을 때도 진정 행복한 삶을 살 수 없다.

사람은 좋은 음식, 몸에 맞는 옷, 편히 쉴 안식처가 없거나 과도한 노동에 시달린다면 자유로운 몸으로 온전히 살 수 없다. 휴식과 기분 전환 역시 몸에 반드시 필요하다.

또 책을 읽고 사유하며, 여행하고 관찰할 기회나 다른 사람과의 지적인 교류가 없다면 정신적으로 풍요롭고 충만한 마음으로 살 수 없다. 아름다운 예술품을 감상하고 문화를 향유하여 지적 호기심을 충족시키고 즐길 수 있어야 한다.

온전한 영혼으로 살아가려면 반드시 마음에 사랑이 있어야 하는데, 가난은 사랑을 표현하는 데 큰 방해가 된다. 사람은 사랑하는 이에게 무언가를 줄 때 가장 큰 행복을 느낀다. 주는 행위는 가장 자연스러운 사랑의 표현이다. 줄 수 없는 사람은 배우자로서, 부모로서, 사회인으로서, 한 인간으로서 자기 역할을 제대로 해낼 수 없다.

그리하여 사람이 자신의 몸과 마음과 영혼을 계발하기 위해서는 그에 상응하는 자원이 필요하다. 그러므로 그 무엇보다 중요한 일이 바로 부유해지는 것이다.

부자가 되고 싶은 마음은 지극히 당연하다. 남녀노소를 통틀어 정상적인 사람이라면 누구나 부자가 되기를 바란다. 부자가 되는 방법에 관심을 기울이는 것도 타당한 일이다. 부자가 되는 과학을 배우려는 것은 필수적인 일이다.

부자가 되기를 포기하고 그것을 외면한다면 나 자신과 신과 인류에 대한 의무를 저버리는 것이다. 자신이 이룰 수 있는 최대한의 성장을 이루고, 풍요를 누리는 것이야말로 인류와 신에게 가장 크게 봉사할 수 있는 길이기 때문이다.

The Science Of Getting Rich

2장

부자의 방식을 따르면
부자가 된다

부자가 되는 것이 특정 방식을 따른 것의 결과라면, 특정 방식을 따르는 사람은 누구나 부자가 될 수 있다. 바로 이 점 때문에 부자가 되는 것은 정확한 과학의 영역에 속하는 것이다.

부자가 되는 방법에는 과학과 수학처럼 정확한 법칙들이 존재한다. 그 법칙들을 몸에 익히고 실천하다 보면 누구든지 부자라는 답에 도달할 수 있다.

부와 재산은 부자의 방식에 따라 행동한 것의 결과다. 그것이 의식적이든 무의식적이든 부자의 방식을 따르는 사람은 부자가 된다. 그렇게 하지 않은 사람은 능력이 있어도 가난 속에서 산다.

원인이 같으면 결과도 같은 것이 자연의 섭리다. 부자의 방식을 따르는 사람은 반드시 부자가 된다. 이 명제가 진실이라는 것은 다음의 사실로 증명할 수 있다.

부자가 되는 것은 환경 때문이 아니다. 만일 그러하다면 특정 지역에 사는 사람이 모두 부자여야 한다. 반대로 어느 한 지역에 사는 사람은 모두 가난해야 한다. 한 국가의 국민은 모두 풍요 속에 살고, 다른 국가의 국민은 빈곤 속에 살아야 한다.

그러나 세상에는 부자와 부자가 아닌 사람들이 같은 환경 속에 섞여 산다. 같은 직업에 종사하는 경우도 흔하다. 같은 지역에 살면서 같은 직업에 종사한다고 했을 때 한 사람은 점점 더 부유해지고 다른 한 사람은 점점 더 가난해진다면, 부자가 되는 것에 있어서 환경이 주된 요인은 아니라는 것이다.

특정 환경이 다른 환경보다 더 유리할 수는 있다. 하지만 같은 지역에 살면서 같은 직업에 종사하는 두 사람 사이에 부의 차이가 있다면, 원인은 그들이 삶을 어떻게 살아가고 있는지 그 행동 방식에 있는 것이다.

부자들을 연구해보면, 그들이 남들과 크게 다르지 않다는 것을 알 수 있다. 남들에게는 없는 특별한 재주나 능력이 있는 사람들이 아니며, 우연히 부자의 방식으로 행동했기 때문에 부자가 된 것이다. 다른 사람이 하지 못하는 일을 한다고 해서 부자가 되는 것도 아니다. 두 사람이 동시에 같은 일을 해도 부자가 되거나 아니거나 하는 차이가 있기 때문이다.

부자가 되는 것은 저축이나 절약을 행한 결과도 아니다. 무엇이든 절약하고 검소하게 살면서도 가난한 사람이 많고, 흥청망청 낭비하며 살면서도 부자인 사람이 많기 때문이다. 부자가 되는 것은 부자의 방식에 따라 행동한 것의 결과라는 결론에 도달한다.

　　앞서 말했듯 원인이 같다면 결과는 항상 같다. 부자가 되는 것이 특정 방식을 따른 결과라면, 특정 방식을 따르는 사람은 누구나 부자가 될 수 있다. 바로 이 점 때문에 부자가 되는 것은 정확한 과학의 영역에 속하는 것이다.

　　한 가지 의문이 들 수 있다. 혹시 부자의 방식이라는 것이 보통의 평범한 사람이 행하기에는 상당한 어려움이 있어서 극소수의 사람만 따를 수 있는 것이 아닌가 하는 의문 말이다.

　　그러나 앞서 보아왔듯이 부자의 방식은 타고난 능력과 관계가 없다. 재능 있는 사람도 부자가 되고 어리석은 사람도 부자가 된다. 빛나는 지성을 가진 사람도 부자가 되고 사리에 어두운 사람도 부자가 된다. 강인한 신체를 가진 사람도 부자가 되고 병약한 신체를 가진 사람도 부자가 된다.

물론 어느 정도의 사고력과 이해력은 필요하다. 타고난 재능까지는 없어도 이 글을 읽고 이해할 정도의 지각력만 있다면 누구나 부자가 될 수 있다.

부자가 되는 것은 환경 때문이 아니라고 했다. 하지만 지리적 위치는 중요하다. 사하라 사막 한가운데서 사업을 펼치고 성공을 기대할 수는 없다. 부자가 되려면 사람들과 가까이 있어야 한다. 그들을 상대하고 그들과 거래하기 위해서는 언제든 그들을 만날 수 있는 거리에 있어야 하지 않겠는가?

이때 기억해야 할 것은 지리적 위치가 가깝다는 환경적 이점이 충족되더라도 그들이 당신이 바라는 거래를 해주는 것까지는 보장되지 않는다는 것이다.

당신이 사는 곳에서 부자가 된 사람이 있다면, 당신 역시 부자가 될 수 있다. 더 크게, 당신이 사는 나라에서 부자가 된 사람이 있다면 당신 역시 부자가 될 수 있다.

다시 말하지만 부자가 되는 것은 특정 사업이나 직업의 선택과는 관계가 없다. 어떤 일을 하든 부자가 될 수 있다. 하지만 같은 일을 해도 이웃집은 가난한 상태를 벗어나지 못할 수도 있다.

자신이 좋아하고 적성에 맞는 일을 하면 잘할 수 있을 것이다. 재능을 능력으로 성장시키는 데 노력을 기울였다면 그런 능력이 필요한 직업에서 최고의 성과를 올릴 것이다.

아울러 지역의 특성에 맞게 사업을 하면 최상의 결과를 낼 수 있다. 이를테면 아이스크림 가게는 그린란드보다는 따뜻한 지역에서 잘될 테고, 연어 잡이는 연어가 서식하지 않는 플로리다 지역보다는 노스웨스트 지역에서 잘될 것이다.

이런 지극히 일반적인 제약을 제외한다면 부자가 되는 것은 특정 사업이나 특정 직업에 종사하느냐보다 부자의 방식으로 행동하는 법을 깨우쳤는가 아닌가에 좌우된다. 당신이 지금 하고 있는 사업이 있다고 가정해보자. 그 지역에서 같은 사업을 하는 다른 사람들은 모두 부자가 되고 당신만 부자가 되지 못했다면, 그것은 당신이 성공한 사람들과 같은 방식으로 하지 않았기 때문인 것이다.

사람은 자본이 없어서 부자가 되지 못하는 것이 아니다. 물론 자본이 있다면 더 쉽고 빠르게 막대한 부를 얻을 수 있다. 자본이 많다는 것은 이미 부자나 다름없다는 것인데, 그런 사람은 어떻게 하면 부자가 될 수 있는지 생각할 필요가 없다. 가지고 있는 부를 불리기만 하면 된다. 당신이 그런 사람이 아니라면 기억해야 할 것은 다음과 같다.

지금 당신에게 자본이 충분하든 그렇지 않든 부자의 방식으로 행동하라. 부자의 방식으로 행동한다면 부자가 되는 길목에 들어선 것이고 자본도 모이기 시작할 것이다. 자본 축적은 부자가 되는 과정의 일부일 뿐이다. 부자의 방식으로 행동할 때 반드시 따라오는 여러 가지 결과 중 하나다.

가난하다는 말에 가까운 사람이라 할지라도, 빚더미에 올라 있는 사람이라 할지라도 괜찮다. 도와줄 친구도, 재능이나 영향력도, 분명한 수단이 없다 해도 괜찮다. 부자의 방식으로 행동하기 시작하면 당신은 부자가 될 것이다. 원인이 같다면 반드시 결과도 같기 때문이다.

자본이 없으면 만들면 된다. 잘 맞지 않는 직업에 종사하고 있다면, 잘 맞는 직업으로 바꾸면 된다. 환경이 좋지 않은 지역에 살고 있다면, 환경이 좋은 지역으로 이동하면 된다.

모든 것을 좋은 방향으로 바꾸려면 지금 있는 곳에서, 지금 하는 일을 하면서 부자가 되는 방식으로 행동하기 시작하라.

The Science Of Getting Rich

3장

기회는 독점된 것인가

부자가 되는 방법은 모든 이에게 똑같이 적용된다는 점을 기억하라. 무지하거나 나태해서 발전 없는 상태를 지속해왔더라도 이제부터 기회의 물결을 타고 부자가 될 수 있다.

삶에 기회가 찾아오지 않아서 가난한 사람은 없다. 다른 사람들이 부와 성공을 독점하고, 아무도 들어오지 못하도록 그 주위에 담장을 쌓아 올린 탓에 부자가 되지 못하는 일도 없다. 특정 직업에 종사하지 못할 수는 있으나, 고개를 돌리면 언제나 다른 길이 열려 있기 마련이다.

　물론 지금 와서 철도 산업처럼 거대 산업 분야에 도전하기는 어려울 것이다. 그 분야는 이미 독점 체계를 이루었기 때문이다. 그렇다면 아직 초기 단계의 사업 분야로 눈을 돌리면 된다. 그곳에 기회가 있다.

몇 년만 지나면 항공 운송도 큰 산업으로 발전할 테고 그와 관련한 수십만, 어쩌면 수백만 명의 일자리가 창출될 것이다. 이미 큰 산업의 주인이 된 거물들과 경쟁하는 대신 항공 운송 쪽으로 관심을 돌려보는 것은 어떨까?

철강 회사에서 직원으로 일하는 사람이 그 회사의 주인이 될 가능성은 희박하다. 그러나 부자의 방식으로 행동하기 시작하면 곧 철강 회사의 직원이 아니라 몇만 평 규모의 농장을 사서 식료품 생산자로 자신의 사업을 시작할 수 있다.

요즘은 작은 땅이라도 사서 자신이 직접 경작하는 사람에게 더 많은 기회가 주어진다. 그런 사람이야말로 부자가 되는 길목에 들어섰다고 말할 수 있다. 이에 대해 당신은 땅을 사는 일이 쉽지만은 않다고 말할 수도 있겠지만 결코 불가능한 일은 아니지 않은가. 나는 그것이 불가능하지 않으며 특정 방식으로 일하면 농장이 당신의 것이 될 수 있다는 점을 증명할 것이다.

기회의 물결은 시기에 따라 다르게 흐른다. 그 방향은 사회의 발전 수준과 사회가 무엇을 필요로 하는가에 따라 바뀐다. 현재 (1910년) 미국에서는 농업과 그 관련 산업이나 업종으로 기회의 물결이 흐르고 있다.

오늘날 기회의 문은 공장에서 직원으로 일하는 노동자보다 자신의 사업을 일구는 농부에게 더 많이 열려 있다. 또, 노동자를 상대로 하는 사업가보다 농부를 상대로 하는 사업가에게 더 많이 열려 있으며, 노동자 계급을 대상으로 일하는 전문가보다 농부를 대상으로 일하는 전문가에게 더 많이 열려 있다. 이러한 흐름을 잘 파악하고 시류에 편승하는 사람은 다양한 기회를 얻을 수 있다.

그렇다고 해서 직원으로, 노동자로 일하는 한 개인이 기회를 얻을 수 없다는 이야기는 아니다. 노동자가 공장주에게 억압받는 것도 아니고, 기업에 착취당하는 것도 아닌데 계속 노동자 계급에 머물며 부자가 되는 길목에 들어서지 못하는 이유는 부자의 방식으로 일하지 않기 때문이다.

노동자 또한 부자의 방식으로 행동하기 시작하면 자신의 사업체나 공장의 주인이 되어 돈을 불릴 수 있다. 노동자여서 때문에 할 수 있는 일들도 많다. 조합을 만들고 산업을 일으킬 수도 있다. 부자가 되는 법칙은 모든 이에게 똑같이 적용된다는 점을 기억하라.

그리고 지금 같은 방식으로 계속 행동하는 한 지금 그 상태에 머물 것이라는 점도 기억해야 한다. 무지하거나 나태해서 발전 없는 상태를 지속해왔더라도 이제부터 기회의 물결을 타고 부자가 될 수 있다.

당신의 몫으로 주어지는 부는 없는 것 같은가? 아니다. 부와 부를 이루는 자원은 모두가 부자가 되고도 남을 만큼 넘쳐난다. 물론 당신도 가질 수 있다.

미국에서 생산되는 건축 재료만으로도 워싱턴의 국회의사당만큼 큰 규모의 저택을 지어 모든 가구에 배급할 수 있다. 미국 땅을 집중적으로 경작한다고 했을 때 솔로몬이 최고의 영광을 누릴 때 사람들이 입던 것보다 더 뛰어난 소재의 양모, 면, 리넨, 실크를 생산할 수 있으며, 모든 이에게 최고급의 음식을 충분히 제공할 수도 있다. 눈에 보이는 자원도 풍부하지만 눈에 보이지 않는 자원까지 고려한다면 사실상 부는 무한하다.

지구상에 존재하는 모든 것은 한 가지 근원 물질에서 비롯하고 거기서 만물이 탄생한다. 탄생과 소멸을 반복하는 모든 것은 그 한 가지 근원 물질에 뿌리를 두고 다양한 외형으로 변화한 것이다.

무형의 원료, 즉 근원 물질의 공급은 무한하다. 우주를 구성하고 이루는 데 쓰인 근원 물질은 영원히 고갈되지 않는다.

우리가 눈으로 볼 수 있는 우주와 그 속에 존재하는 만물, 그 사이의 공간에는 형태가 없는 근원 물질, 앞서 이야기한 지구상에 존재하는 모든 것의 원천이 자리하고 있다. 만물이 지금까지 생겨난 것보다 만 배나 더 만들어진다 해도 우주의 근원 물질은 고갈되지 않는다. 따라서 사람은 자연의 고갈 때문에 혹은 모두가 나눠가질 만큼 자원이 충분하지 않아서 가난해지는 것이 아니다.

자연은 고갈되지 않는 무한한 부의 창고다. 결코 바닥을 보이는 일이 없다. 근원 물질은 창조적 에너지로 꿈틀거리면서 쉬지 않고 새로운 것을 만들어낸다.

만일 건축 재료가 고갈되는 날이 온다 해도, 대체할 만한 더 많은 재료가 만들어질 것이다. 경작지가 황

폐해져 음식과 옷감을 지어낼 재료가 자라지 못하면, 그 경작지가 재생되거나 새로운 경작지가 생길 것이다. 지구상의 모든 금과 은을 캐낸 뒤에도 인간 사회에 금과 은이 필요하다면, 무형의 근원 물질로부터 더 많은 금과 은이 생겨날 것이다.

이 무형의 근원 물질이라는 것은 이 땅에서 살아가는 인간의 필요에 따라 탄생과 소멸을 이루기 때문에, 결코 인간이 부족하게 살도록 하지 않는다.

비단 어느 특정한 사람들에게 해당하는 이야기가 아니라 인류 전체에 해당하는 이야기다. 인류 전체로 보면 인류는 항상 풍족했다. 한 개인이 가난한 까닭은 자신도 풍족하게 살 수 있다는 사실을 깨우치지 못하고 부자의 방식으로 살지 않았기 때문이다.

무형의 근원 물질은 지적으로 사고하는 존재다. 그것은 살아 있으며, 언제나 생명을 확장하는 방향으로 나아간다. 우리가 더 풍요로운 삶을 살고자 하는 것은 우리가 지닌 고유의 본성이다. 본질을 추구하며 지성의 경계를 확장시키고, 더 완전한 존재로 거듭나려는 시도도 본성에 의한 자연스러운 행동이다.

마찬가지로 우리가 눈으로 볼 수 있는 유형의 우주는 형체가 없는 무형의 근원 물질로부터 만들어졌으며, 근원 물질은 자신을 더 완전한 존재로 만들기 위해 눈으로 볼 수 있는 유형의 형태로 변화한 것이다.

따라서 우주는 하나의 거대한 생명체이며, 언제나 더 완전한 존재로 거듭나기 위해 끊임없이 움직이는 살아 있는 존재다. 바로 이러한 목적에 의해 자연이 생겨났고, 바로 이러한 목적 때문에 자연은 매 순간 생명을 탄생시킨다. 더욱이 생명에 도움이 되는 모든 것을 언제까지고 제공한다. 자연이 제공하는 모든 것은 신이 스스로를 부정하고 세상을 소멸시켜 버리지 않는 한 고갈되지 않는다.

그러니 부의 공급이 부족하기 때문에 가난한 것이 아니다. 부의 공급에 대해 이해하고 부자의 방식에 따라 행동하는 사람은, 세상의 만물과 더불어 무형의 근원 물질조차 통제할 수 있다. 다음 장에서는 이것에 대해 더 살펴보도록 하겠다.

The Science Of Getting Rich

4장

$

부자가 되는 과학의
첫 번째 원칙

사람은 자신이 생각하는 것을 만들어내는 힘이 있다.

무형의 근원 물질을 유형의 부로 만들어내는 힘은 '생각'에 있다. 무형의 근원 물질은 생각하는 존재이며, 그 생각으로 만물의 형상이 만들어진다. 자연에서 볼 수 있는 모든 형상의 탄생과 소멸은 근원 물질의 생각을 형상화한 것이다. 근원 물질은 자신의 생각에 따라 형상을 빚어낸다. 이것이 만물이 창조되는 원리다.

우리가 사는 세상은 근원 물질의 생각에서 비롯한 하나의 세계다. 그 세계는 생각하는 우주의 일부이기도하다. 다시 말해보자면, 무형의 상태에 있었던 근원 물질이 '움직이는 우주'라는 발상을 한 것에 따라 행성계가 만들어졌고, 이후로도 그 형상을 유지하고 있는 것이다. 근원 물질이 원운동을 하는 태양계와 행성들을 생각하자 그것들이 생겨났고, 근원 물질이 생각하는 대로 움직이게 됐다.

이처럼 근원 물질이 천천히 자라는 나무 한 그루를 생각하면 수 세기가 걸린다 할지라도 그 생각에 따라 나무 한 그루가 자라난다. 하나를 창조할 때 무형의 근원 물질은 스스로가 정해놓은 운동 과정에 따라 움직이는 것으로 보인다.

나무 한 그루를 생각한다고 해서 곧바로 다 자란 나무 한 그루가 생겨나는 것이 아니라 정해놓은 운동 과정에 따라 성장할 나무 한 그루를 탄생시키는 힘들이 움직이기 시작한다. 즉 싹을 틔우고, 잎을 만들고, 열매를 맺을 힘이 생겨난다는 것이다.

생각하는 근원 물질에 어떤 생각이 깃든다면 그 생각은 실제적인 형상으로 창조된다. 그 형상은 이미 정해진 운동 과정에 따라 성장한다.

예를 들어, 우리가 어떠한 구조를 지닌 집을 떠올렸을 때 그 생각대로 집이 곧바로 생겨나지는 않는다. 똑같이 근원 물질이 어떠한 구조를 지닌 집을 떠올린다고 한다면, 정해놓은 운동 과정에 따라 흐르는 에너지를 한데 모아 그 집을 신속하게 만드는 데 사용할 것이다.

이러한 에너지들이 모이고 작용하는 데 있어서 단계나 운동 과정 같은 것이 없다면, 근원 물질은 유기물과 무기물이 형성되는 더딘 과정을 거치지 않고 곧바로 집을 만들어낼 것이다.

하지만 근원 물질은 집을 지을 때 땅을 다지고, 벽돌을 쌓고, 지붕을 올리듯 모든 것이 단계나 일정한 운동 과정에 따라 성장과 완성을 이루도록 법칙을 정해놓았다.

생각을 근원 물질에 각인해야만 그대로 그 형상이 생겨난다. 사람은 생각하는 존재로서 생각을 일으킬 수 있다. 사람이 손으로 만들어내는 모든 사물은 먼저 생각으로 존재한다. 생각하지 않고서 사물을 만들어낼 수는 없다.

지금까지 사람은 손을 이용해서 하는 일에만 노력을 쏟았고, 눈으로 볼 수 있는 유형의 세계에서만 이미 존재하는 것들을 바꾸거나 수정하려고 노력하면서 육체적인 노동을 해왔다. 무형의 근원 물질에 자신의 생각을 각인하여 형상화하려는 시도는 한 번도 해보지 않은 것이다.

사람이 하나의 형상에 관한 생각을 품으면 자연에서 원료들을 구해 실제로 만들어낸다. 하지만 지금까지 사람은 무형의 존재와 협력하려는 노력, 즉 '조물주'와 협력하려는 노력은 거의 하지 않았다. 감히 사람이 '조물주가 하는 일'을 할 수 있다고는 생각해보지 않았다.

사람은 육체적인 노동을 통해 기존에 존재하던 형상들을 바꾸고 수정할 뿐 자기 생각을 근원 물질에 전달하고 새로운 사물을 만들어낼 수 있는가 하는 문제에는 전혀 관심을 기울이지 않았다.

　　그러나 나는 사람이라면 누구든지 유형의 세계뿐만이 아니라 무형의 세계와도 긴밀히 통하여 새로운 사물을 만들어낼 수 있다는 사실을 증명하고, 그렇게 하는 방법을 알리고자 한다. 먼저 다음의 세 가지 기본 명제를 살펴보자.

　　먼저 나는 만물을 창조하는 무형의 근원 물질이 존재한다는 것을 확신한다. 우리가 눈으로 볼 수 있는 수많은 사물은 근원 물질이 다양하게 형상화된 것이다. 생물계와 무생물계에 존재하는 모든 것은 그 형태만 다를 뿐 똑같은 원료, 즉 근원 물질을 뿌리로 둔다. 생각하는 근원 물질이 생각하는 대로 형상화된 모든 것이다.

사람은 스스로 독창적인 생각을 할 수 있는 사고의 중심이다. 사람이 자기 생각을 근원 물질에 전달할 수 있다면 자신이 생각하는 바를 실제로 구현해낼 수 있다. 요약하면 다음과 같다.

첫째, 세상 만물의 바탕에는 생각하는 근원 물질이 있다. 이 근원 물질은 우주 전체를 가득 채우고 있다.

둘째, 이 근원 물질에 하나의 생각이 깃들면, 그 생각대로 사물이 창조된다.

셋째, 사람은 사물을 생각할 수 있고, 그 생각을 근원 물질에 각인함으로써 사물을 창조할 수 있다.

누군가가 내게 이 원칙들을 증명할 수 있느냐고 의문을 제기한다면 복잡하게 말할 필요도 없이 그렇다고 대답하겠다. 논리적으로도, 경험적으로도 가능한 일이다.

형상과 생각이라는 현상을 역방향으로 따져보면, 자연스럽게 하나의 생각하는 근원 물질이라는 결론에 도달한다. 그리고 다시 이 생각하는 근원 물질에서부터 따져보면, '사람은 자신이 생각하는 것을 만들어내는 힘이 있다'라는 결론에 도달한다. 나는 실험을 통해 이 결론들이 사실이라는 것을 알게 됐다. 이것이 가장 강력한 증거다.

이 책을 읽은 당신이 지금 내가 말한 대로 행동하여 부자가 된다면, 그것은 내가 펼친 주장이 사실이라는 것을 뒷받침해주는 하나의 증거가 될 것이다. 이 책에서 내가 말한 대로 실천한 사람이 모두 부자가 된다면, 실패한 사람이 반기를 들 때까지 내 주장은 확실한 진실이다.

이 모든 것은 진실이 될 것이다. 내가 말한 대로 실천하는 모두가 부자가 될 것이기 때문이다.

앞서 나는 부자의 방식으로 행동하면 부자가 될 수 있다고 말했다. 그렇게 되려면 먼저 부자의 방식으로 생각할 수 있어야 한다. 사람이 행동하는 방식은 생각하는 방식과 연결되어 있기 때문이다. 자신의 행동을 자신이 원하는 대로 이끌어가고 싶다면, 원하는 방식으로 생각하는 능력을 길러야 한다. 이것이 부자가 되는 첫걸음이다.

자신이 원하는 대로 생각하는 것은 지금 당신의 모습이 어떠하든 그것과는 상관이 없다. 오직 '부자가 되기를 원한다'라는 진실을 생각하는 것이다.

사람은 누구나 자신이 원하는 대로 생각하는 능력을 타고난다. 문제는 항상 그것을 실행 단계까지 이끌어가지 못한다는 것에 있다. 우리는 눈에 보이는 대로 생각하기 쉽다. 껍데기를 보고 판단하는 것보다 그 안에 알맹이를 바라보는 일은 많은 노력과 에너지가 필요한 일이다.

사람들은 깊이 생각하고 꾸준히 실천하는 일을 어려워한다. 그것이 세상에서 가장 힘든 일이기 때문이다. 내가 품고 있는 진실과 내가 실제로 보고 있는 세상의 모습이 정반대일 때 더더욱 그렇다. 사람들은 세상의 모든 것을 겉모습으로만 판단하려 한다. 그 안에 있는 진실을 꿰뚫어 보고, 마음에 품어야 비로소 자신이 원하는 대로 행동할 수 있다.

이를테면 세상이 당신의 몫으로 준비한 풍요로움이라는 진실을 보지 못하고 가난이라는 지금의 겉모습만을 볼 수 있다면, 인생에서 가장 중요한 것을 놓치는 것이다.

겉모습이 병들어 보인다고 해서 마음까지 병든 것은 아니다. 여기서 진실은 마음은 병들지 않았다는 것이다. 당신이 바라보아야 할 것은 바로 이러한 진실이다.

질병에 둘러싸여 있어도 건강을 생각하고, 가난한 가운데서도 부를 생각하려면 분명 큰 에너지가 필요하다. 이 에너지를 얻는 사람은 운명의 주인으로 살아갈 수 있다. 운명을 정복하여 원하는 바를 얻을 수 있다.

이 에너지는 수많은 겉모습에 가려져 있는 근본적인 진실을 이해해야만 얻을 수 있다. 그 진실이란 바로 '만물의 바탕에는 생각하는 근원 물질이 있다'는 것이다. 우리는 근원 물질에 깃든 생각이 모두 형상화된다는 진리와 더불어 사람이 이 진리의 앞단에서 근원 물질에 자신의 생각을 각인하여 형상화할 수 있다는 진리를 이해해야 한다.

이 진리를 받아들이면 의심과 두려움이 모두 사라진다. 충만한 마음으로 자신의 생각을 사물로 창조할 수 있고, 갖고 싶은 것을 가질 수 있으며, 되고 싶은 존재가 될 수 있다.

부자가 되는 첫 번째 원칙으로, 당신은 반드시 이

장에서 내가 제시한 세 가지 대전제를 믿어야 한다. 한 번 더 강조하겠다.

.

첫째, 세상 만물의 바탕에는 생각하는 근원 물질이 있다. 이 근원 물질은 우주 전체를 가득 채우고 있다.

둘째, 이 근원 물질에 하나의 생각이 깃들면, 그 생각대로 사물이 창조된다.

셋째, 사람은 사물을 생각할 수 있고, 그 생각을 근원 물질에 각인함으로써 사물을 창조할 수 있다.

그동안 당신이 품었던 우주에 대한 다른 관념들을 내려놓고, 내가 제시하는 원칙들이 마음속에 확실히 자리 잡아 습관이 될 때까지 되새겨라. 위의 문장들을 반복해서 읽어라. 하나하나 기억에 각인하고, 이 말에 담긴 의미를 깊이 이해하고 굳게 믿게 될 때까지 사유하라. 의심의 싹이 고개를 드는 즉시 뿌리 뽑아라. 반대하는 주장에는 귀를 닫아라. 믿음이 흔들리고 뒤죽박죽이 되면 모든 노력이 헛수고가 된다.

받아들인 후에는 왜 이것이 진리인지 다시 묻지 말고, 어떻게 진리일 수 있는지 추측하지 말라. 부자가 되는 과학적 방법은 이 진리를 굳게 믿을 때 비로소 효과를 발휘한다.

The Science Of Getting Rich

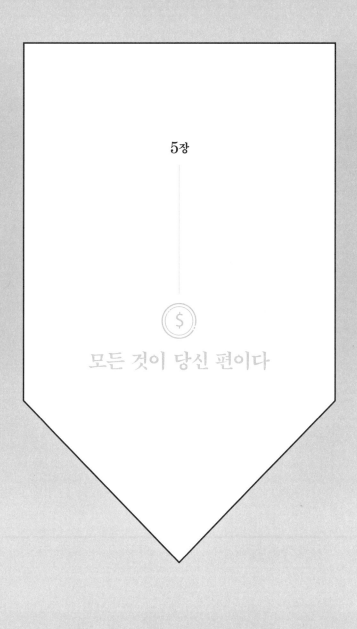

5장

모든 것이 당신 편이다

신은 당신이 부자가 되기를 바란다. 자연도 당신의 계획이 이루어지기를 바란다. 세상 모든 것이 당신의 편이다. 모든 것이 당신을 위해 준비되어 있다.

부와 가난이 신의 뜻이라거나 어떠한 이유로 신께서 자신을 가난한 상태에서 벗어나지 못하게 하고 있다는 낡은 생각을 떨쳐버려라.

세상의 만물과 하나이고, 우리 안에도 있는 지적 존재, 무형의 근원 물질은 의식이 살아 있는 존재여서 다른 모든 의식 있는 생명체와 마찬가지로 생명이 융성하기를 바라고 목표로 하는 본능적인 욕구가 있다. 모든 생명체는 살아가는 동안 끊임없이 자신의 생명을 증진

할 방법을 찾고 그 방향으로 나아간다. 나무가 아주 작은 싹을 틔우는 것부터 시작해 시간이 흐르면서 장성하듯 생명이란 살아가는 것 자체만으로도 점점 확장되고 증진되는 것이다.

씨앗이 땅에 떨어지면 싹을 틔우고, 성장하는 과정에서 수많은 씨앗을 만들어낸다. 생명은 살아가면서 증가하고 항상 더 많아지는 쪽으로 움직인다. 계속 존재하려면 그럴 수밖에 없다.

사람의 지성 역시 생명과 마찬가지로 계속해서 성장한다. 우리가 어떤 생각을 하면 그것은 꼬리의 꼬리를 물고 또 다른 생각으로 이어지면서 의식이 계속 확장된다. 우리가 하나의 사실을 배우면 이를 계기로 또 다른 사실을 배우게 되고, 이렇게 지식도 계속해서 증가한다.

우리가 어떤 재능을 계발하면 또 다른 재능을 계발하고 싶은 열망이 생겨난다. 이렇게 사람은 자신을 표현하려는 생명의 본능적인 충동에 따라 더 많이 배우려고 하고, 더 많은 것을 시도하고, 더 나은 존재가 되려고 한다.

더 많이 배우고, 더 많은 것을 시도하고, 더 나은 존재가 되려면 일단 더 많은 것을 가져야 한다. 활용할 수 있는 자원이 있어야만 더 많이 배우고, 더 많이 시도하고, 더 나은 존재가 될 수 있다. 그러려면 우리는 부자가 되어야 한다.

부자가 되고 싶은 마음은 한마디로 '더 충만한 삶을 추구하는 욕망'에서 비롯한다. 욕망이란 아직 실현되지 않은 가능성이 마음속에서 솟구치는 것이다. 자신을 드러내려는 힘이 욕망을 불러일으킨다. 우리가 더 많은 돈을 갖고 싶어 하는 마음이 궁극적으로 더 충만한 삶을 향한 욕망이 되는 것과 같다.

살아 있는 근원 물질 또한 위에서 언급한 모든 생명이 지닌 고유의 법칙을 따라간다. 더 나은 존재로 성장하려는 욕망이 가득하기 때문에 만물을 창조하여 자원으로 삼으려고 하는 것이다.

당신 안에는 더 나은 존재로 성장하려는 욕망이 있다. 그래서 그것을 이루기 위해 필요한 모든 자원을 가지기를 원한다. 신도 당신이 그렇게 되기를 바란다. 근원 물질이 형상화를 통해 자신의 생각을 표현하고 싶어 하듯이, 그러한 근원 물질을 통해 당신이 원하는 바를 실현하고 싶어 하듯이, 신 또한 당신을 통해 신을 더 잘 표현할 수 있게 되기를 바란다. 따라서 신은 당신이 필요한 모든 자원을 활용할 수 있게 되기를 바란다.

신은 당신이 부자가 되기를 바란다.

자연도 당신의 계획이 이루어지기를 바란다.

세상 모든 것이 당신의 편이다.

모든 것이 당신을 위해 준비되어 있다. 이것이 진실이다.

한 가지 잊지 말아야 할 중요한 사실은, 당신의 목적이 만물의 목적과 반드시 조화를 이루어야 한다는 것이다.

당신의 목적이 단순히 쾌락이나 감각적 만족이 아니라 진정한 삶을 향해 있어야 한다. 당신이 행하는 모든 것이 진정한 삶을 향해가는 수행이어야 한다. 몸과 마음과 영혼이 지닌 능력의 균형을 맞추어 최대한의 노력을 쏟아부을 때 진정한 삶을 살 수 있다.

당신이 그저 배고픈 돼지처럼 동물적 욕구를 충족하기 위해 부자가 되려는 것은 아니지 않은가. 그렇게 사는 건 진정한 삶이 아니다.

하지만 신체가 원하는 바를 정상적이고 건강하게 표출하고 충족시키는 것은 필요한 일이다. 삶의 일부이므로 그것을 거부하는 것도 진정한 삶이 아니다.

오직 정신적 쾌락을 즐기고, 지식을 쌓고, 야망을 이루는 것, 또 다른 사람을 능가하고 유명해지기 위해 부자가 되려고 하지 말라. 이 또한 삶의 일부이지만 지적 쾌락만 추구한다면 함몰된 삶을 살게 될 뿐 결코 자신의 운명에 만족할 수 없다.

한편 오로지 타인을 위해 자신을 희생하고, 인류를 구하고자 자신을 버리고, 박애주의와 희생의 기쁨을 경험하기 위해 부자가 되려는 것도 함몰된 삶일 뿐이다. 영혼의 기쁨이라고 해서 다른 것보다 훌륭하거나 고귀한 것은 아니다.

우리가 부자가 되기를 바라는 이유는 먹고, 마시고, 즐기기 위해서다. 주변을 아름다운 것들로 채우고, 새로운 세상으로 여행을 떠나고, 마음을 풍족하게 하고, 빛나는 지성을 갖추고, 서로를 사랑하고, 친절을 베풀고, 세상이 진리에 닿을 수 있도록 도우며 선한 영향력을 전파하기 위해서다.

그러나 명심하라. 극도의 이타주의는 극도의 이기주의보다 훌륭하지도, 고귀하지도 않다. 양쪽 다 바람직하지 않다. 신은 당신이 다른 사람을 위해 희생하기를 바라지 않는다. 그렇게 함으로써 신의 은총을 얻을 수 있다고 생각하지 말라. 신이 원하는 바는 그런 것이 아니다.

신은 우리가 스스로를 최대한 계발하기를 바란다. 자신을 위해, 다른 존재들을 위해. 그렇게 함으로써 다른 존재들을 도와줄 수 있기 때문이다.

그리고 그렇게 하기 위해서는 자원을 얻을 수 있는 부가 필요하므로 그것을 추구하는 것은 옳고 칭찬받아 마땅하다.

근원 물질의 욕망은 전체를 위한 것이며, 모두의 삶이 더 나아지는 방향으로만 움직인다. 근원 물질은 모든 존재 안에서 풍요와 생명을 추구하며, 삶의 확장과 성장을 향해 나아간다. 그 누구에게서나 마찬가지다.

생각하는 근원 물질은 당신에게 필요한 자원을 만들어줄 것이다. 그렇다고 다른 사람의 몫을 빼앗아서 당신에게 주는 것은 아니니 경쟁의식을 가질 필요는 없다. 기존에 있던 것을 두고 경쟁하는 것이 아니라 새롭게 창조하는 것이 목적이다.

당신은 다른 사람에게서 그 어떤 것도 빼앗을 필요가 없다.

지나치게 흥정할 필요도 없다.

다른 사람을 속이거나 이용할 필요도 없다.

당신을 위해 일하는 사람이 있다면 원래 받아야 할 몫을 줘라.

다른 사람의 재산을 탐하거나 눈독 들이지 말라. 다른 사람의 몫을 빼앗지 않아도 당신은 가질 수 있다.

경쟁자가 아닌 창조자가 돼라. 경쟁을 통해서 당신이 원하는 것을 얻는다면 당신과 연관된 사람 모두 현재보다 나아지는 경우에만 그렇게 된다.

　나는 앞서 말한 것과 정반대의 방법으로 엄청난 부를 쌓은 사람들을 알고 있다. 치열한 경쟁에서 자신만의 특별한 능력을 발휘해 엄청난 부자가 된 사람들 말이다. 이들은 자신도 모르는 사이에 산업 성장에 지대한 영향을 끼치고 인류의 전반적 발전이라는 근원 물질의 목적과 한 방향으로 나아갔다.

　석유 재벌 록펠러, 강철왕 카네기, 금융 재벌 J. P. 모건 등의 인물들은 생산 산업을 체계화하고 조직화하는 데 크게 기여했고, 그것은 모든 사람의 삶의 질을 향상시켰다. 그들은 자신도 모르는 사이에 신의 대리인이 되어, 근원 물질을 대신하여 그 목적을 이루어냈다. 이제 그들의 시대는 거의 끝났다. 이들은 생산 산업을 체계화했지만 곧 시대의 변화에 따라 다른 산업을 체계화할 다른 인물들에게 그 자리를 내어주게 될 것이다.

이런 부자들은 마치 선사시대의 공룡과 같다. 진화 과정에서 필수적인 역할을 해냈지만 그것을 달성하자마자 그들이 이루어낸 바로 그 업적 때문에 사라지게 된다. 그들이 진정으로 부유했던 적은 없었다는 사실을 기억하라. 이들의 삶을 들여다보면 실제로는 비참하고 절망적으로 흘러갔다는 것을 알 수 있다.

경쟁의 세계에서 획득한 부는 결코 영원할 수 없다. 오늘은 내 것이지만 내일은 다른 이의 것이 될 수 있다는 것을 명심하라.

따라서 과학적이고 확실한 방법으로 부자가 되려면 경쟁의식에서 완전히 벗어나야 한다. 앞서도 말했듯 부의 공급에는 모자람이 없다. 모든 돈이 어느 한 부류에 의해 독점되고 통제되고 있다는 생각이 든다면, 그 부류를 몰아내고 그쪽으로 흐르는 돈의 흐름을 막아야 겠다는 생각이 든다면, 경쟁의식에 빠지고 창조력도 사라지게 된다. 이는 이미 당신을 통해 시작된 창조의 움직임조차 물거품으로 만들어버릴 수 있다.

이 세상에는 아직 빛을 보지 못한 채 땅속에 잠들어 있는 금이 헤아릴 수 없을 만큼 많다는 것을 기억하라. 부족하다면 생각하는 근원 물질이 당신이 원하는 것을 이루어주기 위해 더 많은 금을 만들어낼 것이다. 비록 내일 새로운 금광을 찾기 위해 수천 명이 필요하다 해도 당신이 간절히 원한다면 필요한 돈이 생겨날 것임을 기억하라.

눈에 보이는 부와 그 양에 집착하지 말고 언제나 눈에 보이지 않는 근원 물질이 만들어내는 무한한 부를 생각하라. 당신이 이 사실을 더 빨리 받아들이고 더 빨리 활용할수록 부는 더 빨리 당신의 것이 된다. 그 누구도 눈에 보이는 부를 독점할 수 없으며, 당신 몫으로 주어질 부를 막지 못한다.

서두르지 않으면 내가 아닌 다른 사람이 집짓기 좋

은 명당을 모두 차지해버릴지도 모른다는 생각은 한순간도 하지 말라. 대기업이나 재벌에 대해 걱정하거나 그들이 곧 온 세상의 부를 모조리 소유할 것이라고 불안해하지 마라. 다른 사람이 당신을 앞지르는 바람에 원하는 것을 얻지 못하게 될까봐 조바심내지 말라. 그런 일은 결코 일어나지 않는다.

당신이 달성하고자 하는 목적은, 다른 사람이 소유한 것을 빼앗아 내 것으로 취하는 것이 아니다. 당신이 원하는 것을 근원 물질을 통해 창조하려는 것이다. 공급은 무한하다.

다시 이 법칙들을 기억하라.

첫째, 세상 만물의 바탕에는 생각하는 근원 물질이 있다. 이 근원 물질은 우주 전체를 가득 채우고 있다.

둘째, 이 근원 물질에 하나의 생각이 깃들면, 그 생각대로 사물이 창조된다.

셋째, 사람은 사물을 생각할 수 있고, 그 생각을 근원 물질에 각인함으로써 사물을 창조할 수 있다.

The Science Of Getting Rich

6장

부를 끌어당기는 방법

당신이 바라는 부를 이미 당신의 것이라고 생각하라.
바라고, 믿고, 행동한다면 실제로 그렇게 된다.

앞서 내가 말했던 '지나치게 흥정할 필요가 없다'는 말은 당신이 흥정을 하거나 거래를 할 필요가 전혀 없다는 뜻이 아니다. 당신에게 유리한 것을 취하기 위해 부당한 거래를 하거나 다른 사람들에게 피해를 끼칠 필요가 없다는 말이다. 공짜로 무언가를 얻기를 바라지 않고 내가 받은 만큼 상대에게 돌려주는 것이 바람직하다.

항상 모든 사람에게 당신이 받은 것보다 더 큰 금전 가치를 되돌려줄 수는 없겠지만 상대에게서 받은 물건의 금전 가치보다 더 큰 이용 가치를 돌려줄 수는 있다.

이를테면 이 책을 만드는 데 들어간 종이나 잉크 등 여러 재료의 비용은 당신이 낸 책값보다 금전 가치가 낮을 수 있다. 그러나 당신이 이 책에 제시된 생각을 받아들여 많은 돈을 벌게 된다면 이 책을 판 사람은 당신에게 적은 돈을 받고 엄청난 이용 가치를 준 것이다.

내가 소장하고 있는 작품 중에 위대한 화가의 유작이 있고, 이것이 문명화된 사회에서 수천 달러를 호가하는 금전 가치가 있다고 가정해보자. 내가 그 작품을 캐나다 배핀만으로 가져가 그곳의 에스키모가 파는 값비싼 모피와 거래를 하는 것에 성공했다면, 그 에스키모에게는 그 작품이 별 쓸모가 없으므로 나는 그 사람에게 부당한 거래를 제안한 것이다.

하지만 내가 모피를 받는 대신 그 값어치에 상응하

는 총을 주었다면, 그 에스키모에게는 좋은 거래가 될 수 있다. 그가 실생활에서 총을 다양하게 활용할 수 있기 때문이다. 총이 있으면 더 많은 모피와 음식을 구할 수 있으니 그의 삶 모든 면에서 보탬이 된다. 그가 부자가 되는 데 일조할 것이다.

경쟁 차원에서 창조의 차원으로 올라서기 위해서는 다른 사람과 거래하는 방식을 면밀하게 검토해야 한다. 당신이 판매하는 것이 고객에게 받은 대가보다 더 큰 이득을 주지 못한다면 저울이 한쪽으로 기울어진 셈이다. 그런 거래는 성공할 수 없다.

사업은 꼭 누군가와 경쟁하고 그를 이겨야만 할 수 있는 게 아니다. 남을 꺾어야만 하는 사업 방식을 취하고 있다면 당장 그 사업에서 손을 떼라.

당신과 거래하는 모든 사람에게 당신이 받은 금전 가치보다 더 큰 이용 가치를 돌려줘라. 그러면 당신이 거래를 성사시키고 사업을 펼치는 일이 다른 사람들의 삶을 이롭게 만들고 세상에 보탬이 되는 것이다.

　　당신이 사업을 함께 할 직원들을 고용했다면 그들에게 지급하는 임금보다 더 큰 이용 가치를 그들에게서 끌어내는 것도 중요하겠지만, 직원들이 회사의 성장에 맞춰 단계적으로 발전할 수 있도록 원칙을 정해두는 것이 좋다. 당신이 이 책을 읽고 성장하는 데 도움을 얻는 것처럼, 당신의 직원들도 당신 사업에 동참함으로써 발전할 수 있도록 하라.

　　당신의 사업을 일종의 사다리처럼 만들어서 그 사다리를 오르내리는 고생을 감수하는 직원들이 스스로 부자가 될 수 있도록 하라. 만일 기회가 주어졌는데도 사다리를 오르지 않는 직원이 있다면 그것은 당신이 책임질 일이 아니다.

　　한 가지 더 말하자면, 세상에 가득한 무형의 근원

물질이 부를 만들어낸다고 해서 나무에서 사과가 떨어지듯 갑자기 당신의 눈앞에 완벽한 부가 생겨나는 것은 아니다.

당신이 안락한 의자가 하나 갖고 싶다면, 방에 의자가 나타날 때까지 아무것도 하지 않고 무형의 근원 물질에 의자의 이미지를 각인하라는 말이 아니다. 의자를 가지고 싶다면, 우선 마음속으로 그것을 세세하게 그려라. 그리고 당신이 원하는 바로 그 의자가 만들어지고 있거나 자신에게 오는 중이라고 확신하라.

일단 생각을 구체화했다면 절대 의심하지 말고 당신이 바로 원하는 그 물건이 당신에게 오고 있다고 진심으로 믿어야 한다. 반드시 도착한다는 생각 외에는 그 어떤 것도 생각하지도, 말하지도 말라.

그 의자는 이미 당신의 것이라고 생각하라.

그리하면 사람의 마음이 지닌 힘으로 무형의 근원 물질에 닿아 당신에게 의자를 보내줄 것이다.

당신이 뉴욕에 산다면, 텍사스나 일본에서 누군가 거래를 제시해 당신이 원하는 것을 갖게 될 수 있다. 이렇게 된다면 그 거래는 당신에게 이득이 되는 만큼 그 사람에게도 이득이 될 것이다.

　　생각하는 근원 물질은 세상의 모든 사람, 또 세상의 만물과 통하여 영향을 미칠 수 있다는 사실을 잠시라도 잊지 말라. 더 윤택한 삶과 생명의 증진을 목적으로 생각하는 근원 물질의 열망이 이미 존재하는 모든 의자를 만들어왔다.

　　마찬가지로 사람들이 확고한 믿음을 가지고 특정한 방식으로 행동해서 근원 물질에 생각을 각인시킨다면 수백만 개의 의자가 생겨날 수 있다. 바라고, 믿고, 행동한다면 실제로 그렇게 되는 것이다.

　　당신은 확실히 안락한 의자를 가질 수 있다. 그리고 당신 자신과 다른 사람의 삶에 보탬이 되는 일에 활용할 것이라면 더 빨리, 더 쉽게 그 무엇이든 가질 수 있다. 더 많은 것을 바라는 것이 욕심 같은가? 더 많은 것을 바란다고 주저할 필요 없다.

"너희 아버지께서 그 나라를 너희에게 주시기를 기뻐하시느니라."

예수의 말처럼 근원 물질은 당신이 가질 수 있는 모든 것을 가지고 풍요로운 삶을 영위하기를 바란다. 부자가 되고 싶다는 당신의 열망이, 당신을 통해 자신의 생각을 표현하고자 하는 신의 열망과 일치한다는 사실을 마음에 새겨라. 그리하면 당신의 믿음은 흔들리지 않을 것이다.

언젠가 한 작은 소년이 피아노 앞에 앉아 멋지게 연주해보려고 애쓰는 모습을 본 적이 있다. 그 소년은 연주가 마음처럼 잘 되지 않는지 망연자실한 표정으로 어깨를 축 늘어뜨렸다. 내가 소년에게 다가가 그렇게 속상해하는 이유를 묻자 이렇게 답했다.

"제 안에서는 음악이 느껴지는데 손가락이 그대로 움직이질 않아서요."

소년이 마음으로 느끼는 그 음악 또한 삶의 모든 가능성을 담고 있는 근원 물질의 욕망과 일치한다. 선율로 이루어진 모든 것이 이 소년을 통해 표현되고자 하는 것이다.

근원 물질, 즉 신은 인류를 통해 살고, 표현하고, 즐기려 한다. 신은 말한다.

"나는 인간의 손을 빌려 경이로운 건축물을 땅 위에 올리고, 거룩한 음악을 연주하고, 영광스러운 그림을 그리려고 한다. 사람의 눈으로 내가 보여주고자 하는 아름다움을 보게 하고, 사람의 혀로 고귀한 진리를 말하게 하고, 사람의 목소리로 아름다운 노래를 부르게 되기를 원한다."

가능성이 있는 모든 것이 인간을 통해 표현되려고 한다. 신은 아름다운 곡을 지어 연주할 수 있는 사람에게 피아노를 비롯한 다른 악기가 주어지고, 그것으로 자신의 재능을 펼치기를 바란다. 아름다움을 음미할 줄 아는 사람에게 아름다운 환경이 형성되기를 바란다. 또한, 진리를 깨우칠 수 있는 사람에게 넓은 세상을 여행하고 관찰할 기회가 생기기를 바란다. 옷을 고를 줄 아는 사람에게 그 안목에 맞는 옷이 주어지기를, 미식가에게 그를 만족시켜 줄 다채로운 음식이 제공되기를 바란다.

신이 이 모든 것을 바라는 이유가 무엇이겠는가? 그것을 즐기고 음미하는 주체가 바로 자기 자신이 되기 때문이다. 연주하고, 노래하고, 아름다움을 향유하고, 진리를 널리 알리고, 멋진 옷과 훌륭한 음식을 먹기를 바라는 것은 바로 신이다.

"너희 안에서 행하시는 이는 하나님이시니 너희로 소원을 두고 행하게 하시나니."

사도 바울의 말처럼 이 모든 것은 신의 뜻이다.

부자가 되고 싶은 욕망 또한 신의 뜻이다. 신이 피아노 앞에 앉아 애를 쓰는 소년을 통해 음악을 표현하고자 했던 것처럼, 우리가 자신의 가능성을 표현할 수 있게 되기를 바라는 신의 뜻이다. 그러니 주저하지 말고 크게 욕망하라. 사람들은 대개 이 점을 어려워한다. 가난과 희생을 통해 신을 기쁘게 할 수 있다는 낡은 관념에 사로잡혀 있다.

사람들은 가난을 마치 신이 세상을 창조할 때 자연의 필수 요소로써 계획한 일부라고 여긴다. 신은 이 세상의 풍요로움에 한계치를 정해놓았고 공급이 충분하지 않으니 가난을 겪는 것은 당연하다고 생각한다.

이런 잘못된 생각 때문에 부자가 되기를 바라는 것도, 부자가 되게 해달라고 신에게 요청하는 것도 부끄러워한다. 그저 끼니를 거르지 않고, 잘 수 있는 침대만 있으면 충분하다고 되뇌며 그 이상의 편리와 부를 원하지 않는다.

나는 내가 만난 한 학생에게 무엇이든 원하는 것이 있다면 마음속으로 선명하게 그림을 그려보라고 말해줬다. 세세하게 그릴수록, 이룬 것처럼 믿을수록 그 이미지가 무형의 근원 물질에 제대로 각인되어 현실의 창조로 이어진다는 사실을 일깨워줬다.

당시 그는 매우 가난해서 임대주택에 살면서 하루 벌어 하루를 연명하고 있었고, 신이 자신의 몫으로 마련해놓은 부 같은 건 없다고, 자신은 영영 부자가 될 수 없다고 여기고 있었다. 부자가 될 가능성을 말해주어도 그는 이해하지 못했다.

그가 바라는 것이라곤 집 바닥에 깔 새 융단 카펫과 온기를 더해줄 난로 정도뿐이었다. 이 책에 나온 지침을 따랐던 그는 몇 달 뒤에 원하는 것을 얻었다. 그러자 그는 '더 큰 것을 요청했으면 좋았을 텐데' 하고 생각했다.

그리고 집 전체를 둘러보면서 나아지면 좋겠다고 생각하는 것들을 모두 정리하면서 그것들을 마음속으로 그림 그리기 시작했다. 여기에 좋은 창을 달아 햇살을 받고, 저기에 벽을 세워 방을 만들고… 가구도 배치해보며 꿈에 그리던 집이 될 때까지 상상을 더했다.

그림 전체를 마음에 간직한 채 그는 부자의 방식으로 살면서 원하는 바를 향해 움직이기 시작했다. 얼마 지나지 않아 그는 세 들어 살던 집을 소유하게 되었고, 마음속의 그림을 따라 집을 다시 짓고 있다. 앞으로 그의 믿음이 더 커질수록 더 큰 것들을 얻게 될 것이다.

그는 믿은 만큼 받았다. 이것은 당신도, 다른 사람도 마찬가지다.

The Science Of Getting Rich

7장

감사의 법칙

당신이 진심으로 감사할수록 당신이 바라는 것이 더 빨리 당신에게 온다.

앞에서 살펴본 대로 부자가 되는 첫 번째 법칙은 '당신이 원하는 바를 무형의 근원 물질에 각인하기'라는 것을 알았을 것이다. 이 분명한 사실을 실현하기 위해서는 무형의 근원 물질과 조화로운 관계를 맺어야 한다.

무형의 근원 물질과 조화로운 관계를 맺는 일은 그 무엇보다 중요하므로 이 장에서 자세하게 설명할 생각이다. 이 모든 것을 앞서 이야기한 것들처럼 잘 받아들인다면 당신은 무형의 근원 물질, 즉 신과 한마음이 되어 원하는 바를 이룰 수 있을 것이다.

마음을 다해 신과 조화를 이루는 모든 과정을 한 단어로 요약할 수 있다. 바로 '감사'다.

첫째, 모든 것을 만들어내는 지적 존재인 근원 물질이 있다는 것을 믿어라.

둘째, 당신이 바라는 모든 것을 그 근원 물질이 가져다준다고 믿어라.

셋째, 이에 대해 깊이 감사하는 마음으로 이 근원 물질과 자신을 연결하라.

삶의 모든 면에서 올바르게 나아가면서도 감사하는 마음을 갖지 않아서 가난하게 살아가는 사람이 많다. 이들은 신이 선물을 하나 건네줬음에도 감사하지 않아서 신과의 관계를 단절시키고 만 것이다.

부의 근원에 가까워질수록 더 많은 부를 얻게 된다는 점은 따로 설명하지 않아도 쉽게 이해할 수 있을 것이다. 더욱이 늘 감사하며 살아가는 사람이 결코 감사할 줄 모르는 사람보다 신과 더 가까이 자리할 수 있다는 점도 쉽게 이해할 수 있다.

좋은 일이 생겼을 때 신에게 감사하면 할수록 좋은 일들이 찾아온다. 그 이유는 간단하다. 감사하는 마음이 우리를 축복의 근원에 더 다가갈 수 있도록 해주기 때문이다. 우리가 선물을 받았을 때를 생각해보라. 우리는 선물을 준 근원, 즉 사람에게 감사를 표하지, 선물에게 감사를 표하지는 않는다. 선물은 사물일 뿐이고 그것의 이용 가치와 내게 전해준 그 사람의 마음이 의미 있는 것이다.

그럼 이제 신이 내게 좋은 일을 선물해줬다고 생각해보라. 감사하는 마음과 감사하지 않는 마음 중 어느 것이 신과의 관계를 돈독하게 만들어 주겠는가? 또 어느 것이 우주의 창조 에너지와 조화를 이루겠는가? 감사하는 마음이 우리를 축복의 근원으로 이끌어준다는 말을 받아들여라.

당신이 이미 가지고 있는 좋은 것들은 특정 방식에 따라 행동한 결과로서 당신에게 왔다. '감사'는 좋은 것들이 다가오는 길로 당신의 마음을 인도해줄 것이고, 우주의 창조 에너지와 더욱 조화를 이루도록 해줄 것이며, 쓸데없는 경쟁의식에 빠져들지 않도록 바로잡아 줄 것이다.

감사하는 마음이 있어야 신의 존재를 인지할 수 있다. 신이 부의 공급에 한계를 두어 나를 가난하게 살게 했다는 잘못된 생각에서 벗어날 수 있다.

부의 공급에 한계가 있다는 생각은 사람이 품을 수 있는 소망에도 치명적인 영향을 끼친다. 자신의 소망에도 한계를 두기 때문이다.

세상에는 '감사의 법칙'이라는 것이 존재한다. 원하는 결과를 얻으려면 반드시 그 결과가 나오는 법칙을 따라야 한다. 감사의 법칙은 작용과 반작용이 항상 동일한 힘으로, 서로 반대 방향으로 작용한다는 자연 원리와 같다.

우리가 신에게 마음을 다해 감사하고 신을 찬양할 때 거기서 어떠한 힘이 발생하는데, 그 힘이 우리가 목표로 하는 곳에 도달하게 해주는 동시에, 그 반작용으로 원하던 것이 즉시 우리를 향해 움직이게 해준다.

감사하는 마음이 강력하고 지속적일수록 무형의 근원 물질이 일으키는 반작용도 강력하고 지속적이다. 당신이 진심으로 감사할수록 당신이 바라는 것이 더 빨리 온다. 감사하지 않으면 이러한 힘이 발생하는 장소 자체가 없다. 오직 감사하는 마음이 이 힘을 일으키고 당신과 신을 연결해준다.

감사하는 마음의 가치는 단지 앞날에 축복을 하나 더 받는 식에서 그치지 않는다. 감사하는 마음이 없다면 지금 자신의 상황과 주어진 모든 것이 불만스러워질 것이다.

이것을 해소하지 않고 마음속을 불만으로 가득 채운다면 부자의 길도, 근원 물질의 태동도, 신과의 연결도 모두 실패한다. 평범하기 짝이 없고, 빈곤에 시달리고, 지저분하고, 초라한 것에 집중하면 그런 종류의 것들이 마음속에 상을 맺는다. 그뿐만이 아니라 바로 그런 것들이 근원 물질에 전달되어 온갖 부정적인 것들이 우리에게 올 것이다.

마음속에 부정적인 것을 허용하면, 당신은 곧 부정적인 것들에 둘러싸이게 되고 결국 당신이 그 자체가 된다.

반대로 최고의 것에 마음을 집중하면, 당신은 곧 최고의 것들에 둘러싸이게 되고 결국 당신이 최고의 존재가 된다.

　우리 내면에 자리한 창조적 힘은 우리가 집중하는 이미지대로 우리의 모습을 만들어간다. 우리는 생각하는 존재이며, 생각하는 존재는 자신이 생각하는 것을 닮을 수밖에 없다.

　감사하는 태도를 지닌 사람이라면 늘 최고의 것을 생각하므로 최고가 된다. 최고의 성품을 갖추고 최고의 모습으로 최고로 좋은 것들을 받는다.

　믿음도 감사하는 마음에서 비롯한다. 감사하는 마음은 계속해서 좋은 것들을 기대하게 하고 그 기대가 곧 믿음이 된다. 감사하면 그 반작용으로 믿음이 생겨나며, 또 감사할 일들이 넘쳐나서 믿음을 증가시킨다. 감사는 마치 물결처럼 퍼져 나가 믿음까지 닿는다.

　감사할 줄 모르는 사람은 오랫동안 '살아서 지속되는' 믿음을 지킬 수 없고, 살아서 지속되는 믿음이 없이는 창조적인 방법으로 부자가 될 수 없다.

그러므로 자신에게 찾아오는 좋은 일들에 항상 감사하는 습관을 들여라. 모든 것에 쉬지 않고 감사해야 한다. 세상의 그·어떤 것도 우리의 성장에 기여하지 않는 것이란 없다고 생각하고 감사해야 한다.

이미 부자인 사람들과 정치인들이 가지고 있는 허물이나 잘못된 행동을 탓하는 데 시간을 허비하지 말라. 그들이 세상을 지금처럼 만들었기에 당신에게 기회가 생겼다. 당신이 얻는 것은 모두 그 기회 덕분에 오는 셈이다. 부패한 정치인을 보고 분개하지 말라. 정치인이 없었다면 무정부 상태가 되어 당신이 누릴 기회도 줄어들었을 것이다.

신은 우리가 지금처럼 세상을 일구어 나가는 것을 아주 오랫동안 기다려주었다. 지금과 같은 사회, 지금과 같은 산업, 지금과 같은 경제 등을 갖추도록 자원을 안배했고 지금도 마찬가지로 그 일을 지속하고 있다.

세상의 부자들, 대기업의 주인들, 국가의 지도자들과 정치인들은 때가 되면 그 자리에서 물러난다. 그전까지는 그들도 유용하다. 그들이 모두 당신에게 주어질 부의 징검다리 역할을 하고 있다는 사실을 명심하고, 그들에게도 감사하는 마음을 지녀라. 그리하면 당신은 만물 안에 있는 선善과 조화를 이룰 것이며, 만물 안에 있는 선이 당신을 찾아올 것이다.

The Science Of Getting Rich

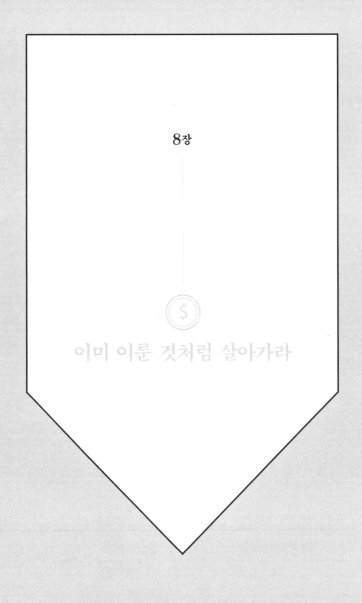

8장

이미 이룬 것처럼 살아가라

멋진 집에 살고, 질 좋은 옷을 입어라. 근사한 차를 타고, 풍경이 아름다운 곳을 여행하며, 더 좋은 삶을 계획하라. 당신이 요청한 모든 것을 실제로 얻은 듯이 생각하고 행동하라. 실제로 그렇게 될 때까지 그것들을 이미 이룬 듯 살아가라.

잠시 6장으로 되돌아가서 마음속으로 자신이 꿈꾸던 집을 그려보던 학생의 이야기를 다시 읽어보라. 부자가 되는 첫 번째 단계가 무엇인지 다시 되새겨보라. 자신이 원하는 것을 명확하게 그려내는 것, 그것이 바로 부자가 되는 첫 번째 단계였다. 마음속에 분명한 그림이 있어야만 그것을 근원 물질에 투영할 수 있다.

자신이 원하는 바를 제대로 전달하려면 먼저 제대로 그릴 줄 알아야 하는 법이다. 사람들은 자신이 진정으로 하고 싶고, 갖고 싶고, 되고 싶은 것이 무엇인지 모르는 경우가 많다. 모호하고 막연하게 생각하고 있기 때문에 생각하는 근원 물질에 자신이 원하는 것을 각인시키지 못하는 것이다.

뭔가 좋은 일을 하고 싶어서 부자가 되겠다는 목표는 막연할 뿐이다. 그런 목표는 누구나 가지고 있다. 여행을 하거나 여러 사람을 만나거나 더 잘살겠다는 것도 막연하다. 누구나 거기까지는 생각을 한다.

친구에게 편지를 쓴다고 생각해보자. 글자를 순서대로 적은 뒤에 친구에게 직접 말을 만들어서 읽어보라고 하거나 사전을 펼쳤을 때 나오는 단어들로 가득 채워서 보내지는 않는다. 내가 말하고자 하는 것을 최대한 잘 표현해낼 수 있는 단어들로, 정확한 의미를 담고 있는 문장들을 적어 보낼 것이다.

이것과 똑같다. 생각하는 근원 물질에 내가 원하는 것을 전달할 때도 가장 잘 표현해낼 수 있는 방법을 취해야 하는 것이다. 그러려면 먼저 내가 원하는 것을 정확히 알아야 한다. 당신이 원하는 것이 무엇인지 분명하게 알려고 노력하라. 모호하고 막연하다면 돌아오는 것도 그러하다. 결코 창조적 에너지를 일으킬 수도, 그것을 통해 부자가 될 수도 없다.

6장에서 자신이 살고 싶은 집을 구체적으로 구상해보았던 그 학생처럼 당신도 원하는 바를 세세하게 그려내야 한다. 원하는 바를 떠올리고 그것이 당신에게 왔을 때 어떤 모습이기를 바라는지 명확하게 그려라. 그러한 마음의 그림을 계속 마음에 간직해야 한다.

항해사가 목적지를 미리 확실히 정해두듯이, 당신도 그 그림이 목적지가 되어야 한다. 키잡이가 나침반을 항상 살피는 것처럼 당신도 그 그림을 항상 염두에 두고 방향을 설정해야 한다.

집중하는 연습을 따로 하거나, 특별히 시간을 정해

서 기도하거나, 명상을 하거나, 초자연적인 의식에 기
댈 필요는 없다. 지금 당신에게 필요한 것은 그저 자신
이 무엇을 원하는지 정확히 파악하고 그것을 강하게 염
원하는 일이다. 시간이 날 때마다 상상의 붓을 잡고 마
음속 그림을 더 구체적으로 그리는 일에 집중하라. 가
능한 한 시간을 많이 할애하라.

하지만 자신이 진정으로 원하는 바가 있다면 마음
을 집중하려고 애쓸 필요는 없을 것이다. 저절로 그렇
게 될 것이다. 그렇지 않다면 진정으로 원하는 바가 아
니다.

진정으로 부자가 되려는 욕망이 강력하다면 나침
반 바늘이 계속 한 곳을 가리키듯 마음이 '부자가 되겠
다는 생각'에 고정될 것이다. 그 정도가 아니라면 이 책
에서 이야기하는 모든 것을 실행하려고 노력해도 아무
런 효과가 없을 것이다.

이 책에서 내가 말하는 방법들은 부자가 되려는 욕망이 아주 확고하고 강력해서, 게으름이나 심신의 편안함을 취하려는 마음 따위는 던져버릴 각오가 되어 있는 사람을 위한 것이다.

명확하고 분명하게 그림을 그릴수록, 그 생각에 몰두하여 세부적인 사항들을 상상하면 할수록 욕망도 강해질 것이다. 욕망이 강해질수록 그림에 마음을 고정하기도 더욱 쉬워질 것이다.

또한, 그림을 명확히 그리는 것과 함께 해야 할 일이 있다. 마음속에 그림을 그리는 것에서만 그친다면 한낱 몽상에 그칠 뿐, 성취로 이어지지 않는다. 명확한 비전 뒤에는 반드시 그것을 실현하려는 결의, 즉 눈에 보이는 형상으로 만들어내려는 의지가 필요하다. 그리고 이러한 의지 뒤에는 그것이 이미 자신의 것이라는 믿음, 그것이 손안에 있어서 단지 움켜쥐기만 하면 된다는 흔들리지 않는 믿음이 필요하다.

매일 마음으로 그리고 그리던 멋진 집이 실제로 눈앞에 나타날 때까지 그 모습을 그려라. 바라는 것이 실제로 항상 주변에 있는 것처럼 생각하라. 그것을 얻어내고 내 것이 되는 모습을 상상하라. 실제로 그것을 얻게 되었을 때처럼 상상 속에서도 누려보라. 이것을 매일 반복하면서 그 모든 것이 자기 것이라는 생각을 놓지 말라. 이러한 태도를 계속 유지하고 그것이 진짜라는 믿음을 한 순간도 저버리지 말라.

더불어 앞장에서 얘기했던 감사하는 태도에 대해서도 기억하라. 원하는 바가 실현된 것처럼 항상 감사하라. 상상 속에서만 가지고 있는 것들에 대해서도 감사하라. 그래야 진정한 믿음으로 발현된다. 부자가 되는 사람은 이런 믿음을 가진 사람이다. 자신이 원하는 모든 것을 이루고 창조해낼 것이다.

매일 신에게 원하는 것을 말할 필요는 없다. 더 나

은 삶을 영위하는 데 필요한 소망을 현명하게 결정하고, 여러 소망을 전체와 하나로 합치시키면 된다. 그런 다음에 내가 원하는 바를 가져다줄 힘과 의지를 지닌 무형의 근원 물질에 제대로 각인시키면 된다.

각인시킨다는 것에 대해서 헷갈리지 않았으면 하는 바람으로 설명을 덧붙이도록 하겠다. 이는 일련의 문장을 반복해서 말한다고 되는 것이 아니다. 내가 원하는 바를 강력하게 염원하고 그것을 반드시 얻을 수 있다는 확고한 믿음으로 비전을 지켜 나갈 때 가능한 일이다.

내가 무엇을 원하는지 입으로 말할 때 생겨나는 믿음은 휘발되기 쉽다. 하지만 내가 원하는 것을 얻기 위해, 그 목표에 도달하기 위해 실제로 행동할 때 생겨나는 믿음은 강력하다. 그 자체에 대한 응답이 달라진다.

우리가 안식일로 정해놓은 그날 하루만 신에게 간곡한 목소리로 원하는 바를 청한다면 과연 그 의미가

신에게 전달될 수 있을까? 스스로에게도 질문해보라. 그날 외에 다른 날은 원하는 바를 말하지도, 기도하지도 않고 잊어버리고 산다면 의미가 깊어지겠는가?

마음속 그림을 입에 담아 발화하는 것이 믿음을 강화시키기도 하지만 그것만으로는 부족하다. 부자가 되려면 '오늘 기도를 했다' 수준으로 끝나선 안 된다. '매일, 매 순간, 쉬지 않고 기도를 했다' 정도는 되어야 한다.

마음속 그림을 확고하게 그렸다면 이제는 그것을 실현하는 문제가 남아 있다. 분명한 마음속 그림을 신께 선보이듯 소리 내어 기도해도 좋다. 그리고 그 순간부터 당신이 요청한 것을 다 받았다고 믿어라.

멋진 집에 살고, 질 좋은 옷을 입어라. 근사한 차를 타고, 풍경이 아름다운 곳을 여행하며, 더 좋은 삶을 계획하라. 당신이 요청한 모든 것을 실제로 얻은 듯이 생각하고 행동하라. 실제로 그렇게 될 때까지 마치 그것들을 이미 이룬 듯이 살아가라.

하지만 한 가지 주의할 점은, 이 모든 과정이 비참한 망상에 그쳐서는 안 된다. 상상이 현실이 되고 있다는 믿음, 그것을 실현하겠다는 굳은 의지를 항상 마음에 새겨야 한다. 공상가와 과학자의 차이점은 각각 믿고 있는 바가 상상으로만 남느냐, 아니면 실현되느냐다. 그렇다면 이제 의지를 제대로 사용하는 법을 배울 차례다.

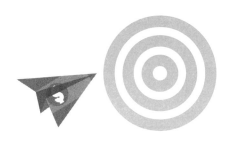

The Science Of Getting Rich

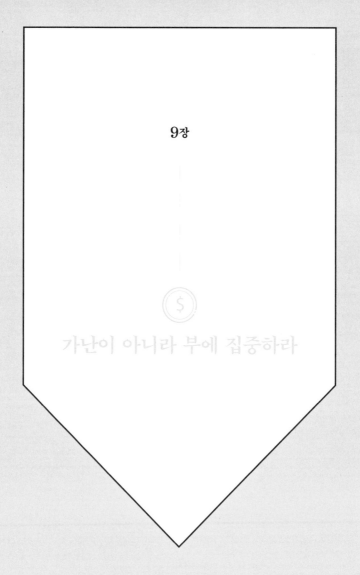

9장

가난이 아니라 부에 집중하라

부자가 되고 싶다면 가난에 골몰하지 말라. 내가 원하는 것과 일치하는 생각을 해야 원하는 것을 얻을 수 있다. 결코 반대되는 것은 생각하지 말라.

부자가 되는 과학적 방법을 제대로 활용하고 싶다면, 자기 자신 외에는 그 어떤 대상에게라도 의지력을 사용하지 말아야 한다. 다시 말해, 당신이 원하는 것을 다른 사람에게 강요하거나 행동하게 조종해서는 안 된다. 그렇게 할 권리는 어느 누구에게도 없으며 명백히 옳은 일이 아니다.

정신적 힘으로 사람을 현혹하는 것은 물리적 힘으로 사람을 함부로 대하는 것만큼이나 잘못된 일이다.

물리적 힘을 사용하여 누군가를 당신 뜻대로 일하게 하는 것은 그를 노예 취급하는 것과 같고, 이는 정신적 힘을 사용한다 해도 마찬가지다. 물리적 힘을 사용하여 강제로 남의 것을 빼앗는 일이 절도인 것처럼 정신적 힘으로 현혹하여 남의 것을 빼앗는 일도 절도다. 근본은 같은 것이다.

그렇게 하는 이유가 '그 사람을 위해서'라고 할지라도 다른 사람에게 나의 의지를 강요할 권리는 없다는 사실은 변하지 않는다. 그것이 정녕 그 사람에게 이로운 일인지는 내가 판단할 일이 아니다.

부자가 되는 과학적 방법은 다른 사람에게 어떤 식으로든 힘을 사용하라고 요구하지 않는다. 그렇게 할 이유도 전혀 없으며, 어리석게도 다른 사람에게 나의 의지를 관철시키는 것에 혈안이 되어 정작 나의 목표는 좌절될 뿐이다.

당신에게 오게 하기 위해 의지를 사용할 필요도 없다. 그런 행동은 신에게 강요하는 행위와 마찬가지이므로 불경하고 쓸모없는 짓이다. 아침에 해가 떠오르도록 의지를 사용할 필요가 없듯이, 신에게 좋은 것을 달라고 강요할 필요가 없다.

자신에게 적대적인 신을 정복하기 위해서라든지, 당신에게 저항하는 모든 세력을 당신 뜻대로 움직이기 위해서라든지 의지력을 사용할 필요도 없다. 무형의 근원 물질은 언제나 당신에게 우호적이며, 당신이 무언가를 얻으려는 마음보다 더 간절하게 그것을 당신에게 주고 싶어 한다.

부자가 되려면 자기 자신에게만 의지력을 사용하면 된다.

무엇을 생각하고 무엇을 해야 하는지 알게 됐다면, 그에 합당한 생각을 하고 옳은 일을 하는 데 의지를 사용해야 한다. 바로 이것이 원하는 것을 얻기 위해 의지력을 사용하는 타당한 방법이다. 부자의 방식으로 생각하고 행동하도록 당신을 이끌어주는 데 의지력을 써라. 오직 자기 자신을 위하는 목적으로 의지와 생각과 마음을 우주에 투영하고, 그것으로 다른 사물이나 사람을 조종하려고 들지 말라.

마음을 편안히 먹어라. 그래야 가장 많이 성취할 수 있다. 마음은 당신이 원하는 것을 명확한 이미지로 그리는 데 써라. 확고한 믿음과 분명한 목표를 가지고 마음속 그림을 더욱 구체화하라. 그리고 의지를 사용해서 마음이 올바른 방향으로 나아갈 수 있도록 하라. 믿음과 의지를 단단하게 지속할 수 있다면 더 빨리 부자가 된다.

확고한 믿음과 분명한 목표를 가지고 마음에 그린 당신의 욕망은 무형의 근원 물질을 통해 우주 전체로 퍼져 나간다. 그것이 우주로 퍼져 나가는 동시에 모든 것이 당신의 그림을 실현하는 방향으로 움직일 것이다. 모든 생물과 무생물, 아직 탄생하지 않은 것들까지 당신의 욕망이 가리키는 방향으로 움직이며, 온갖 힘이 작용하기 시작할 것이다.

모든 것이 당신을 향해 움직인다.

세상 사람들도 그 영향을 받아 당신의 욕망을 실현하기 위해 필요한 일들을 하나둘 행할 것이다. 하지만 무형의 근원 물질에 부정적인 인상을 전달하면 이런 순환은 애초부터 불가능하다. 믿음과 의지는 당신을 향한 실현의 물결을 만들어내지만, 의심과 불신은 당신에게서 실현의 물결을 멀어지게 만들 뿐이다.

부자가 되려는 사람들 중 실패한 사람들은 바로 이 점을 이해하지 못했다. 의심과 불신에 주의를 빼앗기고, 걱정으로 시간을 보내며, 영혼을 피폐하게 만들어 생각하는 근원 물질과 모든 면에서 멀어지고 만 것이다. 믿음이 무엇보다 중요하므로 당신의 믿음이 흔들리는 순간이 오지 못하도록 최선을 다해 막아내고 당신의 믿음을 지켜내라.

믿음은 무엇을 생각하고 관찰하느냐에 따라 크게 영향을 받기 때문에, 항상 세심하게 살펴야 한다. 이때 필요한 것이 바로 의지다. 무엇을 생각하고 관찰할지, 어디에 주의를 기울이고 결정할지 모두 의지에 달려 있기 때문이다.

부자가 되고 싶다면 가난에 골몰하지 말라. 내가 원하는 것과 일치하는 생각을 해야 원하는 것을 얻을 수 있다. 결코 반대되는 것을 생각하지 말라.

질병에 대해 연구하고 생각한다고 해서 건강을 얻을 수 없다. 죄악을 연구하고 생각한다고 해서 정의가 실현되지 않는다. 같은 이치로 가난을 연구하고 생각한다면 절대 부자가 될 수 없다.

가난에 대해 이야기하는 것도 그만둬라. 가난에 대해 조사하는 것도, 가난에 대해 관심을 기울이는 것도 모두 그만둬라. 가난의 원인이 무엇인지 상관하지 말라. 앞으로는 당신과 무관한 일이다. 오직 당신에게 중요한 것은 부자가 되는 방법을 아는 것이다.

The Science Of Getting Rich

10장

$

시간과 마음을
오직 부에 쏟아라

세상이 겪고 있는 가난이 아니라 세상에 마련되어 있는
부를 생각하라.

부자가 되겠다는 분명한 목표를 이루려면 실재하는 것
이든 상상하는 것이든 그와 반대되는 것에 주의를 기울
여서는 안 된다.

　과거에 재정적으로 어려움을 겪은 적이 있더라도
그에 대해 말하지도, 생각하지도 말라. 부모의 빈곤이
나 당신이 불우하게 지내온 어린 시절에 대해서도 함구
하라. 이런 것들에 대해 말하거나 생각하는 동안 당신
의 마음속에 그늘이 드리운다. 그 시절을 다시 현재로

끌어오면 거기에 갇혀버린다. 가난한 사람이 되고 불우한 사람이 되어버리고 만다. 당신에게 오는 부의 흐름도 저지될 것이다. 가난 그리고 가난과 관련된 것은 모두 제쳐두라.

당신은 앞서 우리가 이야기한 모든 것을 받아들이기로 했다. 부자가 되는 방식, 우주의 법칙, 생각하는 근원 물질 등 그것이 옳다고 믿고 희망을 전부 걸었다. 그런데 어찌하여 그와 반대되는 생각으로 회귀하려고 하는가? 그렇게 해서 얻는 것이 무엇이겠는가?

세상에 곧 종말이 온다고 말하는 책은 읽지 말고, 세상이 온통 악으로 가득 차 있고 악에 지배당할 것이라고 말하는 염세적인 철학가의 말은 듣지 마라. 세상은 악을 향해서 가지 않는다. 언제나 신을 향해 가고 있다. 세상은 경이로운 변화의 과정 속에 있다.

물론 현재 상태에서 좋다고 말할 수 없는 것들도

분명 존재하지만, 그것들에 골몰해봐야 그것들이 세상에 더 오래 머물도록 붙잡아놓는 일이 될 뿐이다. 진화와 성장에 따라 자연스레 생겨나고 사라지는 것들에 시간과 관심을 낭비하지 마라. 그것들을 더 일찍 사라지게 하고 싶다면 바로 당신 자신의 역할에 충실하여 진화와 성장 과정을 촉진시키면 된다.

특정 국가나 지역에서 일어나는 상황이 아무리 끔찍하게 보이더라도 그것들을 생각하면 시간을 낭비하고 가능성을 망칠 뿐이다.

당신은 자신과 세상이 부유해지는 것에 관심을 기울여야 한다. 세상이 겪고 있는 가난이 아니라 세상에 마련되어 있는 부를 생각하라. 세상이 부유해지도록 돕는 유일한 방법은, 경쟁이 아니라 창조를 통해 부자가 되는 것이라는 점을 기억하라.

오직 부에 대해 생각하고 관심을 가져라. 가난한 사람에 대해 말하거나 생각할 때도 그들이 '부자가 되어간다'고 생각하라. 안타까운 시선은 거두고 '축하를 받을 사람'이라고 여겨라. 당신의 그러한 태도에 그뿐만 아니라 그와 비슷한 부류의 다른 이들도 영감을 얻어서 가난에서 벗어날 길을 찾기 시작할 것이다.

내가 당신에게 생각과 시간과 마음을 오직 부유해지는 것에 쏟으라고 했다고 해서 인색해지거나 야비해지라는 뜻은 아니다. 진정한 의미의 부는 다른 모든 것을 포용한다. 이는 삶에서 실현할 수 있는 최고의 가치다.

경쟁을 통해서 부자가 되려고 한다면, 결국 다른 사람을 짓밟고 올라서야만 하는 치열한 쟁탈전이 된다. 반대로 창조를 통해서 부자가 되려고 한다면, 모든 것이 달라진다. 위대함, 영혼의 자유, 봉사, 노력 등으로 달성할 수 있는 것들은 모두 부자가 되어야만 당신에게 온다. 이것들을 행하려면 자원을 활용해야 하기 때문이다.

질병이 있는 사람이라면 건강해지기 위해 부가 필요하다는 것을 잘 알고 있을 것이다. 돈 걱정에서 자유로운 마음으로 편안하고 위생적인 생활을 해야 건강을 되찾고 유지할 수 있기 때문이다. 이것들을 모두 갖추려면 부가 필요하다.

도덕적·영적 고매함은 생존을 위해 경쟁하지 않는 사람들에게나 가능한 것이다. 창조를 통해 부자가 된 사람들만이 경쟁이 불러오는 온갖 부정적인 영향을 피할 수 있다.

가정의 행복이 최대 목표인 사람은 교양 있고, 높은 수준의 사고를 하라. 사랑은 비도덕적인 영향이 닿지 않는 곳에서 가장 잘 자란다. 이 모든 것은 투쟁이나 경쟁이 아니라 창조를 통해 부를 일구었을 때만 얻을 수 있다.

반복해서 말하지만 부자가 되는 일만큼 위대하고 고귀한 목표는 없다. 그러니 마음속으로 항상 부를 그리고 그것을 지켜라. 그 외에 당신을 방해하는 모든 것을 물리쳐라.

모든 것의 본질을 보는 방법을 배워야 한다. 겉모습만 가지고 판단해서는 안 된다. 좋지 않은 상황 속에서도 모든 것은 행복으로 향하고 있다는 것을 기억하라. 질병 속에 있다면 건강으로, 가난 속에 있다면 부를 향해 나아가고 있는 것이다.

어떤 사람은 자신이 풍요롭게 살 수 있다는 사실을 몰라서 가난하게 산다. 그 사실을 가장 잘 깨우쳐주는 방법은 당신 스스로 풍요로워지는 모습을 보여주는 것이다.

어떤 사람은 가난에서 벗어날 길이 있다는 것을 알면서도 정신적으로 게으른 탓에 그 길을 찾고 걸어가지 않아서 가난하게 산다. 이런 사람을 위해 당신이 행할 수 있는 최선은 성실함으로 정당하게 부자가 됐을 때 오는 행복을 보여주는 것이다. 그러면 그의 마음속에서 부자가 되고 싶다는 열망이 눈뜰 것이다.

또 어떤 이는 부자가 되는 방법을 어느 정도 알면서도 형이상학적이고 초자연적인 이론만 좇으며 가난하게 산다. 이런 사람은 좋다는 방법이나 여러 체계를 삶에 동시에 적용해보지만 번번이 실패한다. 그를 위해 당신이 행할 수 있는 최선도 역시 당신이 부자가 되는 모습을 보여주는 것이다. 백번 말하는 것보다 한 번 보여주는 것이 더 효과가 있다.

그리고 이 세상을 위해 당신이 행할 수 있는 최선은 바로 당신을 최대한 계발하고 활용하는 것이다. 즉, 당신이 부자가 되는 것이야말로 가장 효과적으로 이 세상과 신에게 봉사하는 방법이다. 경쟁이 아닌 창조를 통해서 말이다.

한 가지 더해서, 나는 이 책을 통해 부자가 되는 과학적 원칙을 제공하겠다고 말했다. 이것이 사실이라면 부자가 되는 방법을 다룬 책이나 이론서는 더는 읽을 필요가 없다. 편협하고 독선적이라고 느껴질지도 모르지만 이렇게 생각해보라.

수학에서 덧셈, 뺄셈, 곱셈, 나눗셈만큼 과학적인 계산법은 없다. 두 점 사이를 잇는 최단 직선은 단 하나뿐이고, 연결하는 방법도 단 하나다. 여러 과정을 거칠 필요도 없이 가장 단순하고 직접적으로 목표에 도달하는 방식으로 생각하면 되는 것이다.

이 책에서 내가 말해온 것들보다 더 간결하고 단순한 방법이 있는가? 내가 아는 한에서는 없다. 다른 모든 것은 제쳐두고 이 책에서 제시한 것들부터 실천해보라. 다른 모든 것은 마음에서 지워버려라.

언제 어디서나 이 책을 가지고 다니면서 매일 읽어라. 책을 암기하고, 다른 시스템이나 이론은 생각하지 마라. 다른 방법을 생각하면 의심이 생기기 시작하고, 확신이 사라지며, 믿음이 흔들리기 시작해 결국은 실패로 돌아간다. 성공해서 부자가 된 뒤에는 얼마든지 다른 체계를 공부해도 좋다. 그전까지는 헤겔, 에머슨과 같은 작가의 책 외에는 부자가 되는 방법을 다룬 그 어떤 책도 마음속에 남겨두지 말라.

세상의 소식을 접할 때도 긍정적인 소식만 귀에 담아라. 당신이 그린 마음속 그림과 조화를 이루는 것들만 듣고 나머지는 흘려보내라.

초자연주의, 신비주의, 심령술과 같은 주제에 대해서는 조금이라도 관심을 기울이지 말라. 생명 있는 존재에게서 에너지를 얻어야지 죽어 있는 존재에게서 에너지를 얻을 수는 없다. 죽은 자들이 주변을 떠돌고 있다 하더라도 당신과는 상관없는 일이다.

죽은 자들의 혼이 어디에 있든 그들에게는 그들의

일이 있고, 우리는 개입할 권리가 없다. 우리는 그들을 도울 수 없고 설령 그들이 우리를 도울 수 있다 해도 그들의 시간을 빼앗을 권리가 우리에게 있는지도 매우 의심스럽다. 죽은 자들은 그들의 세계에 있도록 내버려두고, 자신의 문제에 집중하라. 부자가 되는 문제 말이다. 초자연적인 현상에 골몰하기 시작하면 당신의 정신에 혼란과 동요가 일어나 온전히 현실을 살아가기 힘들다.

앞서 언급한 내용을 정리하면 다음과 같은 기본 사실에 이르게 된다.

첫째, 세상 만물의 바탕에는 생각하는 근원 물질이 있다. 이 근원 물질은 우주 전체를 가득 채우고 있다.

둘째, 이 근원 물질에 하나의 생각이 깃들면, 그 생각대로 사물이 창조된다.

셋째, 사람은 사물을 생각할 수 있고, 그 생각을 근원 물질에 각인함으로써 사물을 창조할 수 있다.

그리고 넷째, 그러기 위해서는 경쟁의식에서 벗어나 창조적 마음가짐을 지녀야 한다. 마음속으로 원하는 바를 세세하게 그리고, 그것을 얻겠다는 열렬한 의지와 흔들림 없는 믿음으로 나아가야 한다. 의지와 믿음을 약화하는 것들에 대해서는 철저하게 관심을 끊어야 한다.

　　이제는 부자가 되는 행동법을 배울 차례다.

The Science Of Getting Rich

11장

부자는 현재를 산다

오직 현재에 마음을 붙이고 현재의 행동에 매진하라.

생각은 창조하는 힘 그 자체이자 창조하는 힘을 움직이는 원동력이다. 앞서 특정 방식, 즉 부자의 방식으로 생각하면 부자가 될 수 있다고 했다. 하지만 많은 사람이 빠지는 함정이 있다. 생각으로만 모든 것을 이뤘다고 착각하는 것이다. 행동하지 않고 생각에만 의존해서는 안 된다. 수많은 과학 이론과 철학 사상이 좌초된 이유는 바로 생각과 행동을 연결하지 못했기 때문이다.

사람은 자연적 발생 과정이나 인간의 손을 거치지

않고 무형의 근원 물질에서 곧바로 무언가를 창조해낼 수 있는 발전 단계에는 이르지 못했다. 생각만으로 사물을 만들어내는 기술이 없다는 말이다. 그러므로 사람은 생각만 해서는 안 되고 행동으로 그것을 뒷받침해야만 한다.

생각만으로 깊은 산속에 있는 금덩어리를 당신에게 다가오게 할 수는 있다. 하지만 그것이 마법이라도 부린 듯 저절로 파헤쳐지고 금화로 변해서 당신의 주머니로 들어올 리가 없다는 말이다.

신의 뜻으로 사람들에게 일이 배분되면 이 세상의 누군가가 금을 채굴하고, 그것이 금화의 형태로 거래되어 결국 당신에게 올 것이다. 금이 당신에게 왔을 때 제대로 받을 수 있도록 잘 준비해두어야 한다. 당신이 원하는 것을 가져다주기 위해 생물과 무생물을 비롯한 만물이 일하는데, 당신이 그것을 받을 준비가 되어 있지 않다면 어찌하겠는가?

당신이 원하는 것이 당신에게 왔을 때 마땅히 받을 수 있도록 올바르게 행동해야 한다. 공짜로 받아서도, 훔쳐서도 안 된다. 모든 사람에게 금전 가치보다 더 큰 이용 가치를 돌려주어야 한다.

생각을 과학적으로 활용하려면 원하는 바를 분명하고 명확하게 마음속으로 그려야 한다. 그것을 얻겠다는 의지를 굳히고, 감사하고 믿으면 실제로 얻을 수 있다는 것을 항상 기억하라.

생각을 초자연적이거나 주술적인 방식으로 투영해서 원하는 바를 이루려 하는 것은 시간 낭비일 뿐만 아니라 이성적으로 생각하는 힘마저 약화된다.

부자가 되는 과정에서 생각의 역할이 얼마나 중요한지 우리는 이미 논의했다. 의지와 믿음으로 무형의 근원 물질에 원하는 이미지를 각인하면, 창조적 힘이 발생하고 당신이 원하는 바를 이루도록 모든 것이 움직인다. 이 창조적 과정을 감독하거나 지휘하는 것은 우리의 몫이 아니다. 우리가 할 일은 마음속 그림을 품고, 목표를 굳게 지키며, 확고한 믿음과 감사하는 마음을 유지하는 것이다. 그리고 동시에 반드시 특정 방식으로 행동해야 한다.

행동해야만 마음속으로 그리던 것이 마침내 당신 앞에 당도했을 때 제대로 얻을 수 있다. 이 말이 옳다는 것은 쉽게 알 수 있으리라. 뭔가가 당신에게 올 때는 이미 누군가의 손에 있을 것이고, 그 사람은 당신에게 그에 상응하는 뭔가를 요구할 것이다. 결국 당신은 그 사람에게 마땅히 줘야 할 것을 줘야만 당신에게 온 것을 마침내 얻을 수 있는 것이다.

당신의 주머니는 일하지 않아도 항상 돈이 가득한 포르투나투스(Fortunatus's purse, 독일 민중본 『포르투나투스 Fortunatus』에 나오는 행운의 주머니로 항상 금화 열 닢이 들어 있다)의 지갑이 아니다.

부자가 되는 과학적 방법에서 핵심은 생각과 행동이 결합해야 한다는 것이다. 의식적으로든 무의식적으로든 바라는 것을 꾸준하고 강하게 원함으로써 창조의 힘을 움직이게 해놓고서도 가난하게 살아가는 사람이 많다. 원하는 것이 올 때 받아들일 준비가 되어 있지 않기 때문이다.

생각으로는 원하는 것을 자신에게 오게 할 수 있고, 행동으로는 그것을 받는다. 의식적인 행동이든 무의식적인 행동이든 중요한 것은 지금 행동해야 한다는 점이다. 사람은 과거로 돌아가 행동할 수 없고, 과거를 마음속에서 지워야 현재를 또렷하게 만들 수 있다. 또, 사람은 아직 오지도 않은 미래에서 행동할 수 없다. 계획은 할 수 있으나 실제로 그 미래가 당도했을 때는 다른 선택을 할 가능성이 높다.

현재 당신이 처한 환경이 좋지 않다거나 좋은 직업군에 종사하고 있지 않다고 해서 좋은 환경과 좋은 직업을 갖출 때까지 행동을 미뤄야겠다고 생각하지 마라. 미래에 일어날지도 모르는 어떤 사건을 처리할 좋은 방법에 대해 지금 생각하지도 마라. 다만 미래에 어떤 사건이 닥치더라도 이겨낼 능력이 있다고 믿어라.

미래를 생각하면 마음이 현재에 있을 수 없다. 현재 어떤 행동을 해도 마음과 일치하지 않아 아무런 효과가 없다.

오직 현재에 마음을 붙이고 현재의 행동에 매진하라.

근원 물질에 마음속 그림을 전달했다고 해서 그저 손 놓고 기다려서는 안 된다. 창조적 힘이 아무런 일도 일으키지 못한다. 지금 바로 행동하라. 지금이 아니면 이 순간은 그냥 지나가버린다. 원하는 것을 얻을 수 있으려면 지금 바로 준비를 시작해야 한다.

지금 가능한 행동은 다른 것이 아니라 지금 당신이 하는 일이나 사업, 처해 있는 환경과 인간관계 속에서 할 수 있는 행동이다. 이것들을 배제하고서 행동할 수는 없다.

당신은 지금 있지 않은 곳에서 행동할 수 없고, 과거에 있던 곳에서 행동할 수 없으며, 앞으로 있을 곳에서 행동할 수도 없다. 오직 지금 있는 곳에서 행동할 수 있을 뿐이다.

어제 일이 잘되었는지 아닌지 걱정하지 말고, 오늘 할 일을 잘 해내라.

내일 할 일을 오늘 하려고 하지 마라. 내일이 되면 그 일을 할 시간이 충분할 것이다.

초자연적이거나 주술적인 힘으로 손에 닿지 않는 사람이나 사물에 영향을 미치려고 하지 마라.

좋은 환경이 찾아오기를 기다렸다가 행동하려고

하지 마라. 행동으로 환경을 바꿔라.

현재 있는 환경에서 더 나은 환경으로 이동할 수 있다고 믿어라. 그리고 온 마음과 온 힘을 다하여 현재의 환경에서 노력하라.

공상이나 백일몽에 잠겨 시간을 허비하지 말고, 매일 자신의 마음속 그림과 목표를 되새기고 지금 행동하라.

부자가 되기 위한 다른 방법을 찾지 마라. 이상하고 색다른 방법을 시도하지 마라. 적어도 당분간은 지금까지 해왔던 일을 하게 될 가능성이 높다. 다만 그 일을 지금 당장 부자의 방식으로 해야 한다. 그렇게 한다면 당신은 부자가 될 것이다.

당신이 지금 하는 일이 적성에 맞지 않는가? 맞지 않는다는 생각이 든다면 맞는 일이 나타날 때까지 그저 기다려서는 안 된다. 맞지 않는 일을 한다고 해서 푸념으로 시간을 죽이거나 아무런 성장 없이 제자리걸음만 해서는 안 된다. 앞으로 영원히 그 일을 하게 될 리는 없다. 사업에 실패했다고 해서 영원히 실패한 채로 남아 있을 리도 없다.

마음속으로 당신에게 잘 맞는 일이나 사업을 하는 모습을 그려라. 그러한 일을 찾겠다는 목표를 세우고, 그 일을 반드시 하리라는 확고한 믿음을 가져라. 현재 있는 자리에서 그렇게 생각하고 행동하라는 말이다. 현재 하는 일을 당신이 하고 싶어 하는 바로 그 일을 하기 위한 수단으로 생각하고, 현재의 환경을 당신이 원하는 환경으로 바꾸기 위한 발판으로 삼아라.

의지와 믿음으로 목표를 향해 달려 나간다면 근원 물질이 그것을 이루어주기 위해 움직일 것이다. 신이 그 일을 당신의 손에 쥐어줄 것이다.

그리고 부자의 방식으로 행동하면 당신은 이 모든 것을 통해 부자가 될 것이다.

당신이 지금 회사에서 임금을 받는 위치에 있는데 원하는 바를 얻기 위해서는 일터를 바꿔야 할 필요가 있다고 판단했다면, 우주에 생각을 투영하는 것만으로 다른 일자리를 얻으려고 기대하지 말라. 당신이 원하는 일터에 있는 자신의 모습을 그리되 현재의 일터에서 의지와 믿음으로 행동한다면, 분명히 원하는 일을 할 수 있게 될 것이다.

마음속 그림과 확고한 믿음은 창조적 힘을 움직여 당신이 원하는 바를 당신 앞에 당도하게 한다.

마지막으로, 앞에서 언급한 원리에 하나를 더해 정리해보자.

첫째, 세상 만물의 바탕에는 생각하는 근원 물질이 있다. 이 근원 물질은 우주 전체를 가득 채우고 있다.

둘째, 이 근원 물질에 하나의 생각이 깃들면, 그 생각대로 사물이 창조된다.

셋째, 사람은 사물을 생각할 수 있고, 그 생각을 근원 물질에 각인함으로써 사물을 창조할 수 있다.

넷째, 그러기 위해서는 경쟁의식에서 벗어나 창조적 마음가짐을 지녀야 한다. 마음속으로 원하는 바를 세세하게 그리고, 그것을 얻겠다는 열렬한 의지와 흔들림 없는 믿음으로 나아가야 한다. 의지와 믿음을 약화하는 것들에 대해서는 철저하게 관심을 끊어야 한다.

그리고 다섯째, 원하는 것이 올 때 제대로 받으려면 현재의 환경에서, 현재 주변에 있는 사람과 사물을 향해 '지금' 행동해야 한다.

The Science Of Getting Rich

12장

$

지금 있는 곳에서 행동하라

밝은 미래가 분명 당신의 것이니 그 생각만으로도 당신
은 강력한 동기 부여를 얻을 수 있다.

지금까지 내가 설명한 모든 것을 당신의 마음에 항상 새기고 행동할 때 활용하라.

　지금 있는 곳에서 할 수 있는 일을 실행하라. 사람은 현재 자신이 있는 자리에서 능력을 발휘하면서 성장을 이룬다. 현재 있는 곳에서 자기 일을 제대로 해내지 못하는데 더 좋은 자리로 갈 수는 없다. 세상은 현재 자신이 있는 자리에서 제대로 해낼 뿐만 아니라 그 이상을 하는 사람들의 힘으로 변화한다.

현재 자기 자리에서 제대로 능력을 발휘하는 사람이 한 명도 없다면 세상은 침체기를 맞이할 것이다. 자기 일조차 제대로 하지 못하는 사람은 사회·정부·경제·산업 등 모든 분야에 보탬이 되지 못한다. 다른 누군가가 상당한 비용을 치르면서 그들을 이끌어가야 한다.

사회의 발전이 저해되는 것도 바로 자신의 역할을 제대로 하지 못하는 사람들 때문이다. 이런 사람들은 시대의 변화에 적응하지 못하고 질 나쁜 삶을 살며 퇴행을 거듭하는 성향을 보인다. 사회의 구성원들이 저마다의 자리에서 역할을 제대로 해내지 못하면 사회는 발전할 수 없다. 사회의 발전은 물리적, 정신적 발전 법칙을 따르기 때문이다.

동물 세계에서 진화는 번식을 통해 이루어진다. 하나의 생명체가 자신이 확장할 수 있는 최대한으로 번식하고 진화하여 그 종을 우월하게 발달시킨다. 그렇게 해서 새로운 종種이 탄생하는 것이다. 넘치는 생명력과 번식력을 능력이라고 했을 때 자신의 능력을 넘어서 그 이상을 향해 나아가는 동물이 없었다면 새로운 종의 탄생은커녕 소멸을 맞이했을 것이다.

이 법칙은 우리에게도 동일하게 적용된다. 부자가 되려면 이 원칙을 당신 삶에 적용해야 한다. 하루하루 성공한 날들이 쌓여야 소망을 이루게 된다. 날마다 실패한다면 결코 부자가 될 수 없지만, 날마다 성공한다면 반드시 부자가 될 것이다.

오늘 할 수 있는 일이 있는데 하지 않으면 그 문제에 관한 한 실패한 것이며, 그 결과는 상상보다 더 끔찍할지 모른다.

우리는 아주 사소한 일조차 결과를 예측하지 못한다. 우리를 위해 움직이기 시작한 힘들이 어떻게 작용하는지도 알지 못한다. 사소한 행동 하나에 크게 달라질 수도 있다. 바로 그 행동이 엄청난 가능성으로 향하는 문을 여는 열쇠가 될지 모른다.

우리는 신이 우리를 위해 세상이라는 도화지에 그리는 모든 그림을 결코 알 수 없다. 작은 일을 하지 못하거나 무시하면 원하는 것을 얻는 과정이 상당히 길어질지도 모른다.

날마다 그날 할 수 있는 일을 빠짐없이 하라.

그러나 반드시 고려해야 할 것이 있다. 짧은 시간에 되도록 많은 일을 해내려고 과로하거나 아무런 계획 없이 맹목적으로 달려들어서는 안 된다는 것이다.

일주일 동안 할 일을 하루에 끝내려고 하지도 말라. 중요한 것은 일의 양이 아니라 행동의 효율성이다.

모든 행동은 그 자체로 성공이 아니면 실패다.

모든 행동은 효율적이거나 비효율적이다. 비효율적인 행동을 모두 실패라고 했을 때 평생을 비효율적인 행동에 허비한다면 당신 인생도 똑같이 흐르게 된다.

모든 행동이 비효율적이라면 일을 더 많이 할수록 상황이 더 나빠질 것이다. 이와 반대로 효율적인 행동은 그 자체로 성공이기에, 평생을 효율적으로 행동한다면 당신의 인생도 반드시 성공일 수밖에 없다.

실패의 원인은 비효율적으로 하는 일은 너무 많고 효율적으로 하는 일은 적기 때문이다. 비효율적인 행동은 하지 않고 효율적인 행동을 많이 한다면 부자가 될 것이라는 점은 분명하다. 지금 각각의 행동을 효율적으로 할 수 있다면 부자가 되는 과학적 방법이 수학처럼 정밀하다는 것을 다시금 깨닫게 될 것이다.

그렇다면 어떻게 각각의 행동을 항상 효율적인 방식으로 이끌어갈 수 있는가에 초점을 맞춰야 한다.

당신은 분명히 그렇게 할 수 있다. 절대적 힘이 항상 당신과 함께하고, 그 힘은 실패하는 법이 없기 때문이다. 당신은 각각의 행동을 효율적으로 만들기 위해 그 힘을 활용할 수도 있다.

행동 하나하나가 강력하다면 당신은 부자가 되는 특정 방식으로 행동하고 있는 것이다. 당신이 하는 모든 행동을 강력하고 효율적으로 만들려면, 그 행동을 하는 동안 마음속 그림을 선명히 하고 확고한 믿음으로써 모든 힘을 그 행동에 쏟아부어야 한다.

마음과 행동이 하나로 합일되지 못한 사람은 이 지점에서 실패한다. 이들은 어떤 시간, 어떤 장소에서 마음의 힘을 사용하고, 다른 시간 다른 장소에서 행동한다. 그리하여 각각의 행동이 비효율적이며 시간과 에너지를 들인 만큼 성취하지 못한다.

모든 행동에 절대적 힘을 사용한다면 사소한 일이더라도 각각의 행동은 성공으로 이어진다. 성공적인 행동의 결과는 축적되어 더 큰 성공으로 가는 발판이 되어준다. 하나의 성공이 또 다른 성공으로 가는 길을 알려주는 법이므로, 원하는 것이 당신에게 다가오는 속도가 더욱 빨라질 것이다.

풍요로운 삶으로 나아가려는 열망은 만물에 내재해 있다. 당신이 풍요로운 삶으로 나아가려는 열망을 품으면 만물의 열망과 합치되어 더 큰 영향력을 만들어 내고, 더 큰 창조적 힘을 발휘할 수 있다. 당연히 더 많은 것이 당신에게 오게 되어 있다.

날마다 그날 할 수 있는 모든 일을 하라.

그리고 반드시 효율적인 방식으로 행동하라.

아무리 사소한 일이더라도 마음속 그림에 집중해야 한다. 마음속 그림의 아주 작은 세세한 부분에 집착하라는 이야기가 아니다. 일의 우선순위에 따라 그런 부분은 여가 시간에 상상해서 더해 넣으면 된다. 빠른 결과를 원한다면 여가 시간을 모두 할애해도 좋다.

이 과정을 반복하다 보면 당신이 원하는 것에 대한 그림이 아주 작은 세세한 부분까지도 완벽하게 묘사되어 마음에 깊이 새겨질 것이다. 잠시 그 이미지를 떠올리기만 해도 굳은 의지와 확고한 믿음에 불이 붙을 것이다.

당신의 무의식에 마음속 그림을 각인시켜라. 밝은 미래가 분명 당신의 것이니 그 생각만으로도 당신은 강력한 동기 부여를 얻을 수 있다.

이번 장에서 새로 알게 된 내용을 추가하여 다시 한번 되새겨보자.

첫째, 세상 만물의 바탕에는 생각하는 근원 물질이 있다. 이 근원 물질은 우주 전체를 가득 채우고 있다.

둘째, 이 근원 물질에 하나의 생각이 깃들면, 그 생각대로 사물이 창조된다.

셋째, 사람은 사물을 생각할 수 있고, 그 생각을 근원 물질에 각인함으로써 사물을 창조할 수 있다.

넷째, 그러기 위해서는 경쟁의식에서 벗어나 창조적 마음가짐을 지녀야 한다. 마음속으로 원하는 바를 세세하게 그리고, 그것을 얻겠다는 열렬한 의지와 흔들림 없는 믿음으로 나아가야 한다. 의지와 믿음을 약화하는 것들에 대해서는 철저하게 관심을 끊어야 한다.

다섯째, 원하는 것이 올 때 제대로 받으려면 현재의 환경에서, 현재 주변에 있는 사람과 사물을 향해 '지금' 행동해야 한다.

여섯째, 날마다 그날 할 수 있는 모든 일을 하라. 그리고 반드시 효율적인 방식으로 행동하라.

The Science Of Getting Rich

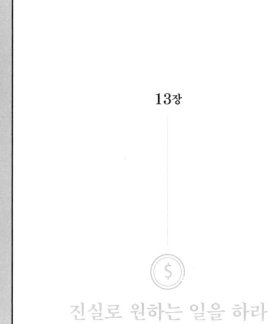

13장

진실로 원하는 일을 하라

당신은 원하는 일을 할 수 있다. 어떤 일을 하고 싶다는
것은 곧 그 일을 해낼 힘이 있다는 신호이기 때문이다.

한 분야에서 성공하려면 그 분야에서 필요한 능력을 얼마나 잘 갈고닦았느냐가 중요하다. 뛰어난 음악적 재능이 있다 하더라도 그것을 발전시키지 않으면 성공할 수 없고, 기계를 다루는 능력이 뛰어나도 계속 연마하지 않으면 제대로 성공할 수 없다. 장사에 대해서도 자신만의 방법과 요령을 터득하지 않으면 성공할 수 없다.

하지만 자신의 분야에서 필요한 능력을 잘 계발한다고 해서 곧 부자가 되는 것은 아니다. 뛰어난 재능을 지녔지만 가난한 음악가도 있고, 특별한 기술이 있어도 기회를 얻지 못하는 기술자도 있으며, 사람을 다루는 능력이 탁월해도 실패하는 사업가도 있다.

각각의 능력은 도구다. 좋은 도구를 갖추는 것도 필요하지만 도구를 올바르게 사용하는 방법을 알아야 한다. 어떤 사람은 날카로운 톱, 자, 대패 등의 연장으로 멋진 가구를 만들어내지만 어떤 사람은 같은 연장을 주고 만들어보라고 해도 엉터리일 수 있다. 도구를 올바르게 사용하는 방법을 알지 못하기 때문이다.

우리가 저마다 다르게 가지고 있는 능력은 부자가 되는 데 활용해야 할 도구다. 자신이 가장 잘하는 일을 해야 가장 좋은 성과를 낼 수 있다.

가장 잘하는 일이라는 것이 꼭 타고난 재능을 바탕으로 하는 일을 의미하는 것은 아니다. 타고난 재능이 없어도 당신은 어느 분야에서도 성공하고 그를 통해 부자가 될 수 있다. 그 분야에 적합한 재능이 없다면 능력을 계발하여 당신 자신만의 도구를 만들어가면 된다. 물론 타고난 재능을 펼칠 수 있는 분야에 종사하는 것이 훨씬 편한 길이겠지만 마음만 먹으면 어떤 분야에서든 성공할 수 있다. 재능이 부족하다고 한탄하지 말라. 기를 수 있다. 사람은 어떤 재능이든 최소한의 씨앗을 타고났기 때문이다.

자신이 가장 하고 싶은 일을 하면 가장 만족스럽게 부자가 될 것이다.

인생이란 자기가 하고 싶은 일을 하는 것이다. 좋아하지도 않는 일을 하며 살아가는 인생, 정작 자신이 원하는 일은 결코 할 수 없는 인생, 그것이 진실로 행복한 삶일까?

당신은 원하는 일을 할 수 있다.

어떤 일을 하고 싶다는 것은 곧 그 일을 해낼 힘이 있다는 신호이기 때문이다.

욕망은 잠재된 힘이 있다는 증거다.

음악을 연주하려는 욕망이 있다는 것은 음악을 연주하는 능력이 외부로 표현되고 계발되려고 한다는 뜻이다. 기계를 발명하려는 욕구가 있다는 것은 기계적인 능력이 외부로 표현되고 계발되려고 한다는 뜻이다.

뭔가를 하고자 하는 욕구가 강하다면 이는 그것을 해낼 능력이 충분하다는 증거다. 잠재된 능력을 계발하고 올바른 방식으로 적용하기만 하면 되는 것이다. 다른 모든 조건이 같다면 능력이 가장 잘 계발된 일을 선택하는 편이 최선이지만 자신이 원하는 일이 있다면, 그 일을 반드시 해내고 싶다는 욕구가 강하다면 그 일을 택해야 한다.

당신은 얼마든지 원하는 일을 할 수 있다. 가장 적성에 맞고 즐거운 일에 종사하는 것은 당신의 권리이자 특권이다. 좋아하지 않는 일을 해야 할 의무는 없다. 그것을 원하는 일로 옮겨가기 위한 수단으로 삼아도 좋다.

과거의 잘못된 선택으로 원하지 않는 일을 하고 있

거나 좋지 않은 환경에 처해 있다면 당분간은 그 일을 해야 할 것이다. 하지만 그 일이 앞으로 당신이 평생 할 일은 아니라는 점을 항상 기억하라. 원하는 일을 하기 위한 하나의 과정이라고 생각하면 괴로움이 사라질 것이다.

당신이 지금 자신에게 맞지 않는 일을 하고 있다고 느낀다면, 다른 일을 하려고 너무 서두르지 마라. 직업이나 환경을 바꾸는 가장 좋은 방법은 성장이다.

기회가 왔을 때 신중히 조건들을 따져본 뒤에 좋은 기회라는 판단이 서면 변화를 두려워하지 마라. 그러나 그렇게 하는 편이 현명한지 의심스러울 때에는 결코 갑작스럽거나 성급하게 행동하지 마라.

창조적 차원에서는 서두를 일도, 기회가 부족한 일도 없다.

경쟁의식에서 벗어나면 성급하게 행동할 일이 전

혀 없다. 당신이 하려는 일을 방해하고 자리를 빼앗을 사람은 없다. 기회는 모두에게 충분하다.

한 자리가 사라지면 다른 좋은 자리가 곧 생길 것이다. 시간도 충분하다. 의심스럽다면 기다려보라. 마음속 그림을 매일 묵상하고 믿음을 다져라. 의심과 우유부단은 감사하는 마음으로 밀어내라.

그리고 당신이 받게 될 것들에 대해 진심으로 감사하라. 그러면 신과 당신의 마음이 연결되어 어떤 행동을 할 때 의심이 스미지 않을 것이다. 이러한 마음가짐 없이 성급하게 행동할 때, 의심하거나 망설일 때, 세상과 다른 사람들에게 보탬이 되겠다는 궁극적 동기를 잃어버렸을 때 실수가 생긴다.

이 우주에는 모든 것을 주관하는 정신이 존재한다. 당신이 지금에 깊이 감사하면서 발전하려는 의지와 믿음을 다진다면 그 존재와 가까워질 수 있다. 부자의 방식으로 행동하면 기회가 점점 많아질 것이다. 믿음과 의지를 굳건히 하고, 겸손하고 감사한 태도로 신과 가까이 연결되어 있어야 한다.

날마다 그날 할 수 있는 일을 완벽하게 하되, 서두르거나 걱정하거나 두려워하지 마라. 최대한 빨리 가되 결코 서두르지 마라. 서두르기 시작할 때 창조자가 아니라 경쟁자가 된다는 사실을 기억하라. 낡은 세계로 다시 떨어지고 마는 것이다.

스스로 서두르고 있다고 느낄 때면 멈춰 서라. 원하는 것에 의식을 집중하고, 거기에 다가서고 있다는 데 감사하라. 감사함을 느낄 때 의지가 새로워지고 믿음이 강해질 것이다.

The Science Of Getting Rich

14장

당신의 성장으로 영감을 줘라

어떤 일을 하든지 모든 사람이 당신을 보면 '성장하는 사람'이라는 인상을 받고, 당신과 만나면 자신도 성장한다고 느끼게 하라.

당신이 직업을 바꾸든 바꾸지 않든 지금 현재의 직업을 건설적으로 활용할 줄 알아야 한다. 그 직업 안에서 부자의 방식을 실천하여 날마다 해야 할 일을 해 나가야 한다. 그러면 원하는 직업을 얻고 부자가 될 수 있다.

중요한 것은 현재 하는 일이 누군가를 직접 상대해야 하는 일이든지 전화나 문서 등으로 상대해야 하는 일이든지 당신이 만나고 대화하는 사람들에게 반드시 당신이 '계속 성장하고 있다'는 느낌을 주어야 한다는 것이다.

사람들은 모두 성장을 추구한다. 모든 사람의 내면에 깃든 무형의 근원 물질이 더 완전하게 표현되려고 하기 때문이다.

성장하려는 욕구는 모든 자연에 깃든, 우주의 근본적인 성향이다. 인간의 모든 행위는 성장하려는 욕구를 바탕으로 한다. 사람은 더 맛있는 음식, 더 양질의 옷, 더 근사한 집, 더 호화로운 사치품, 더 깊은 지식과 더 많은 즐거움, 즉 더 풍요로운 삶을 추구한다.

살아 있는 모든 존재는 이처럼 더 풍요로운 삶을 향해 지속적으로 나아가고 싶어 한다. 그러려면 성장은 없어서는 안 될 필수조건이며, 성장을 멈추면 소멸뿐이다. 사람은 본능적으로 이 사실을 알기에 매일 끊임없이 새로운 것을 추구한다. 예수 또한 끝없는 성장에 대해 말한 바가 있다.

"있는 자가 더 받아 풍족하게 되고, 없는 자는 있던

것까지 빼앗기리라."

지금보다 더 부유해지고 싶다는 생각과 그에 따른 행동은 비난받을 일도, 죄악도 아니다. 단지 더욱 풍요로운 삶을 추구하려는 열망일 뿐이다. 이는 사람의 본능이다. 사람은 아주 작은 것이라도 더 나은 것을 제공받을 수 있는 쪽으로 향한다.

부자의 방식을 따라가면 당신은 계속 성장을 이루고, 당신을 만나는 모든 이의 성장을 도울 수 있다.

우리는 모든 존재에게 성장을 퍼뜨리는 창조의 중심이다. 이것을 스스로 확신하고, 만나는 모든 이에게 전달하라. 아무리 작은 거래라도, 심지어 어린아이에게 사탕 하나를 파는 경우라도, 성장이라는 생각을 담아서 반드시 그것을 느끼게 하라.

어떤 일을 하든지 성장이라는 생각을 전달하여 모든 사람이 당신을 보면 '성장하는 사람'이라는 인상을 받고, 당신과 만나면 자신도 성장한다고 느끼게 하라.

일과 관계없이 그저 사적으로 만나는 사람에게도 성장한다는 생각이 들게 하라.

이런 인상을 주려면 스스로 성장하고 있다고 굳게 믿어서 그 믿음이 모든 행동에 영감을 주고, 모든 행동에서 배어 나오게 하면 된다.

어떤 일을 하든지 자신이 성장하는 사람이고 다른 사람도 성장하게 해준다는 점을 굳게 믿어라. 스스로 부자가 되고 있으며, 다른 사람도 그렇게 되도록 그들에게 영향을 주고 있다고 믿어라.

자신의 성공을 자랑하거나 떠벌리지 말고, 불필요하게 이야기하지도 마라. 진정한 신념은 결코 자랑하는 것이 아니다. 떠벌리는 사람을 볼 때마다 그 사람이 남몰래 의심하고 두려워한다는 점을 알게 될 것이다. 그저 자신의 믿음이 모든 거래에 작용하게 하라. 모든 행동과

말투와 표정에서 자신이 부자가 되고 있으며 이미 부자라는 사실을 조용히 드러나게 하라.

이러한 인상을 주는 데 많은 말은 필요하지 않다. 사람들은 당신과 함께 있으면 성장한다는 느낌을 받을 것이고, 자신도 모르는 사이에 당신에게 이끌리고 영향을 받을 것이다.

사람들이 당신과 어울리면 자신도 성장할 것이라고 느끼게 해야 한다.

사람들에게서 받는 금전 가치보다 더 큰 이용 가치를 주도록 노력하라.

그에 대해 자부심을 갖고 계속해서 그렇게 행동하라. 사람들이 그것을 당신의 장점으로 기억할 것이다. 사업을 하는 사람이라면 고객이 끊이지 않을 것이다.

사람들은 성장을 경험하게 해준 장소나 사람은 반드시 기억한다. 모든 존재가 성장을 바라기 때문이다.

신 또한 모든 존재의 성장을 바라기 때문에 당신을 모르는 사람들조차 당신에게 인도할 것이다.

당신의 사업은 급속도로 번창하고 아침에 눈을 뜰 때마다 불어나 있는 수입에 깜짝 놀랄 것이다. 원한다면 더 좋은 일을 찾을 수도 있을 것이다.

이 모든 것을 할 때 자신이 진정으로 원하는 바를 반드시 이루겠다는 의지와 그렇게 되리라는 믿음을 잊어서는 안 된다.

당신이 사람들에게 동기 부여를 주는 것에 있어서 한 가지 주의사항이 있다. 사람을 지배하고 싶다는 흉악한 유혹에 주의하라. 아직 성장 단계에 있는 미성숙한 사람은 다른 사람을 자신이 원하는 대로 움직이게 하거나 그를 노예처럼 대하는 데 즐거움을 느낀다. 자기 만족을 위해 타인을 지배하려는 욕망은 세상에 재앙을 불러왔다. 그것은 지금도 변하지 않는 사실이다.

지난 세월을 돌아보면 역사적으로 왕과 지배자들은 영토 전쟁으로 세상을 피로 물들였다. 모든 존재가 성장하기를 바라서가 아니라 단지 자신이 더 큰 힘을 얻기 위해서 벌인 일이었다.

오늘날 기업과 산업 세계의 주된 동기도 똑같다. 사람들은 더 많은 부와 힘을 얻기 위해 아귀다툼을 벌이고 수백만의 생명과 영혼을 소모시킨다. 기업가도 과거의 왕들처럼 권력욕으로 움직인다.

권력을 탐하고, 주인이 되고, 대중 위에 선 자로 인식되고, 호화로운 과시로 남을 놀라게 하려는 유혹을 경계하라.

다른 사람을 지배하려는 마음은 경쟁의식이고, 경쟁의식은 창조 의식이 아니다. 자신의 환경과 운명을 다스리려고 다른 사람을 다스릴 필요는 전혀 없다. 더 높은 자리를 얻으려고 경쟁하기 시작하는 순간 당신은 운명과 환경에 지배당하게 될 것이고, 그러면 부자가 되는 것도 우연과 요행의 손에 놓이게 될 것이다. 경쟁 의식을 경계하라.

'황금률'로 유명한 새뮤얼 존스의 말은 창조적 의식에 대해 잘 표현하고 있다.

"무엇이든지 너희가 남에게 받고자 하는 대로 너희도 남을 대접하라."

The Science Of Getting Rich

15장

모든 기회가
당신 앞에 있다

부자의 방식으로 생각하고 행동하기 시작하면 더 나은
조건으로 옮겨갈 기회를 곧바로 감지할 수 있게 된다.

앞장의 내용은 어떤 분야에 종사하는 사람이든 동일하게 적용된다. 당신이 의사든, 성직자든, 교사든 상관없이 다른 사람의 삶을 나아지게 하고 상대도 그러한 인상을 받는다면 사람들은 당신을 따를 것이다. 그를 통해 당신은 부자가 된다.

훌륭한 의사가 되겠다는 목표를 지닌 사람이 의지와 믿음을 다지고 앞에서 언급한 대로 일한다면, 생명의 근원과 매우 밀접하게 연결되어 경이로운 성공을 이룰 것이다. 그에게는 환자가 밀려들 것이다.

　이 책의 지침들을 의사만큼 잘 활용할 수 있는 사람도 없다. 어느 분야의 의사든 무관하게 치유의 원칙은 세상과 인류에 보탬이 되는 것을 목적으로 하기 때문이다. 의사로서 이룰 수 있는 성장과 성공은 신의 목적과 부합하다. 그가 의지와 믿음으로, 감사의 법칙을 따르며 살아간다면 고치지 못할 환자가 없을 것이다. 세상은 이런 사람을 바란다.

　또한, 세상은 풍요롭게 사는 진정한 길을 사람들에게 전할 수 있는 성직자를 간절히 찾는다. 부자가 되는 과학의 구체적인 내용과 더불어 건강해지는 법, 훌륭해지는 법, 사랑받는 법을 알며, 그 세부적인 내용을 설파할 수 있는 사람이라면 신도들이 끊이지 않을 것이다. 이것이 세상이 바라는 복음이다. 사람들은 기뻐하며 귀기울이고 아낌없는 후원을 보낼 것이다.

지금 필요한 것은 삶의 과학을 몸소 보여주는 일이다. 우리는 방법만 가르쳐주는 데서 그치지 않고 그것을 실천해 직접 보여주는 사람을 바란다. 스스로 부자가 되고, 건강하고, 사랑이 넘치는 설교자가 그 방법을 가르쳐주길 바란다.

그리고 사람들은 학생들에게 영감을 줄 수 있는 교사를 바란다. 지식만 읊는 것이 아니라 성장하는 삶에 대해 가르칠 수 있는 교사는 분명 단단한 의지와 확고한 믿음을 가진 사람일 것이다. 그런 사람이라면 자신이 가르치는 학생들의 마음속에도 의지와 믿음을 세워줄 것이다.

위에서 언급한 이들은 분명 세상에 기여하는 삶, 풍요로운 삶, 성장하는 삶을 이끌고 행하는 앞단에 서 있다. 하지만 이들에게만 가능한 일은 아니다. 노동자,

변호사, 치과의사, 부동산 중개인 등 모든 이가 각자의 자리에서 가능한 일이다. 생각과 행동이 조화를 이루면 실패란 없다. 실패할 수가 없다. 이 지침을 꾸준히 인내심 있게 그대로 따르는 사람은 누구나 부자가 될 것이다. 성장이라는 법칙은 중력의 법칙처럼 수학적으로 확실하게 작동한다. 부자가 되는 과학은 아주 정밀하다.

근로자의 경우도 앞서 언급한 다른 사례와 마찬가지다. 눈에 보이지 않는 곳에서 일한다고 해서, 임금은 적고 생활비는 많이 드는 상황이라고 해서 부자가 될 기회가 없다고 생각하지 마라. 원하는 바를 마음속으로 명확하게 그리고, 의지와 믿음으로써 행동하라.

날마다 그날 할 수 있는 각각의 일을 지극히 성공적으로 해내라. 당신이 하는 모든 일에 성공의 힘과 부자가 되겠다는 의지를 불어넣어라.

그러나 고용주의 비위를 맞춰 고용주나 다른 상사

가 당신을 승진시켜 줄 것이란 기대로 이렇게 하지는 마라. 그렇게 될 확률은 별로 크지 않다. 단지 '좋은 직원'에 불과한 사람이 능력을 총동원해서 할 일을 하면서 만족하고 감사하면, 고용주는 그를 일 잘하는 직원으로는 여기겠지만 그를 승진시키는 데 별 관심이 없을 것이다. 당신을 지금 있는 자리에 두는 편이 더 이롭기 때문이다.

지금보다 더 높은 위치에서, 더 중대한 일을 하려면 자신이 어떤 사람이 되고 싶은지 분명히 알고 그런 사람이 될 수 있다는 점을 믿으며 그렇게 되겠다는 의지를 다져야 한다. 다만 내 위에 있는 사람을 기쁘게 하겠다는 생각으로 임하지 말라. 스스로 성장하겠다는 생각으로 하라. 성장하겠다는 의지와 믿음을 계속 유지하면서 일하라.

상사든, 동료든, 친구든, 그 누구라도 당신과 만나는 사람이 당신에게서 흘러나오는 의지와 힘을 느끼도록 유지하라. 그러면 누구나 당신을 보고 '성장하는 사람'이라고 생각할 것이다. 사람들이 당신에게 이끌리고 당신의 말에 귀 기울일 것이다. 지금 직장에서 성장할 가능성이 없다 해도 곧 다른 일을 할 기회가 생길 것이다.

부자가 되는 과학에 따라 발전하는 사람에게는 반드시 기회가 찾아온다. 당신이 부자의 방식으로 행동한다면 신은 당신을 돕지 않을 수 없다. 그것이 곧 자신을 돕는 일이기 때문이다.

우리는 환경이나 전체적인 산업 발달 상황 때문에 발전하지 못하는 것이 아니다. 철강 사업을 해서 부자가 되지 못하더라도 농사일로 부자가 될 수도 있다. 그리고 부자의 방식으로 움직이기 시작하면, 분명히 철강 사업의 손아귀에서 벗어나 농장이든 어디든 당신이 바라는 다른 곳으로 가게 될 것이다.

　직원 수천 명이 부자의 방식으로 일하기 시작하면 회사는 곧 큰 곤경에 빠질 것이다. 직원에게 더 좋은 기회를 주든지 아니면 작은 그릇의 사업을 중단하든지 해야 할 테니 말이다. 누구도 회사를 위해 일할 이유는 없다. 부자가 되는 과학을 모르거나 너무 게을러서 이를 실행할 수 없는 사람들이 있을 때에만 회사는 직원들을 아무런 발전 없는 자리에 묶어둘 수 있다.

　부자의 방식으로 생각하고 행동하기 시작하면 더 나은 조건으로 옮겨갈 기회를 곧바로 감지할 수 있게 될 것이다. 기회는 금방 온다. 모든 이의 내면에서 작용하는 무형의 근원 물질의 힘이 그러한 기회를 당신 앞에 가져다줄 것이다.

　한 번에 원하는 것을 모두 달성할 기회만을 기다리지 마라.

　현재보다 나아질 기회가 오고 당신이 거기에 이끌

리면, 그 기회를 잡아라.

더 좋은 기회를 잡을 수 있는 첫 계단이 될 것이다.

발전하는 사람에게는 항상 기회가 끊이지 않는다. 우주는 그런 사람에게 만물을 안배하고 그의 행복을 위해 작용하도록 되어 있다. 부자의 방식으로 생각하고 행동하면 반드시 부자가 된다.

당신이 회사에 몸담고 있는 사람이라면 이 책을 깊이 공부하고, 내가 제시한 부자의 방식으로 행동하라. 절대 실패하지 않을 것이다.

The Science Of Getting Rich

16장

부자가 되고 싶다면
이것을 기억하라

어떤 상황이 겹치더라도 정밀한 과학적 법칙을 따라서 부의 길로 나아가는 사람을 좌절시킬 수는 없다. 법칙을 따르는 사람은 부자가 될 수밖에 없고, 이는 둘에 둘을 곱하면 넷이 될 수밖에 없는 이치와 같다.

부자가 되는 정밀과학이 있다고 하면 비웃는 사람도 많을 것이다. 부의 공급이 제한되었다고 믿기에 그들은 사회와 정부 구조가 바뀌기 전에는 사람들이 모두 부유해질 수는 없다고 주장할 것이다. 그러나 이것은 진실이 아니다.

현 정부가 대중을 가난에서 구제해주지 못한다는 것은 사실이지만, 이것이 대중이 부자의 방식으로 생각하고 행동하지 못하는 이유가 되어서는 안 된다. 대중이 이 책에 제시된 대로 움직이기 시작한다면, 정부도 산업 체계도 그들을 막을 수 없다. 모든 시스템이 발전하는 움직임을 수용하도록 바뀔 수밖에 없다.

사람들이 발전하려는 마음가짐이 있고, 부자가 될 수 있다고 믿고, 부자가 되겠다는 의지로 앞으로 나아간다면 그 무엇도 그들을 가난에 묶어둘 수 없다.

개개인은 언제든, 어떤 정부 체제에서든 부자의 방식으로 행동하여 부자가 될 수 있다. 그런 사람이 계속해서 많아지고 다수를 이룬다면, 사회의 체제를 변화시켜 더 많은 사람에게 기회의 문이 열릴 것이다.

경쟁 세계에서는 부자가 되는 사람이 많을수록 다른 사람에게 더 나쁘다. 그러나 창조 세계에서는 부자가 되는 사람이 많을수록 다른 사람에게 더 좋다.

이 책에서 제시하는 부자가 되는 과학적 방법을 실천하여 부자가 될 때에만 경제를 부흥시킬 수 있다. 한 사람의 변화가 다른 이에게 길을 보여주고, 참다운 삶에 대한 갈망을 불러일으키고, 그렇게 할 수 있다는 믿음과 그렇게 하겠다는 결의를 고취시킬 수 있다.

현재로서는 어떤 정부 체계도, 자본주의나 경쟁적인 산업 구조도 당신이 부자가 되는 것을 막지는 못한다는 점을 깨닫는 것으로 충분하다. 창조적인 생각의 차원에 들어가면 이런 모든 것을 초월하고 다른 세계의 시민이 될 것이다.

생각이 반드시 창조적 차원에 머물러야 한다는 점을 기억하라. 절대로 부의 공급이 제한되어 있다고 생각하거나 경쟁 차원에서 행동하지 말아야 한다.

낡은 생각의 나락으로 떨어지려고 할 때마다 자신을 즉시 바로잡아라. 경쟁의식에 들어가면 신과 협력하지 못한다.

오늘 일을 완벽하게 해내는 것에 주의를 기울이고, 내일 일어날지도 모르는 비상사태에 미리 대비하려고 걱정하지 마라. 그런 일이 실제로 일어났을 때 대처하면 된다.

오늘 조치를 취해야만 피할 수 있는 것이 분명한 경우를 제외하고는, 당신 사업에 그림자처럼 다가올 장애물을 극복할 방법에 대해 미리 고민하지 말라.

멀리서 볼 때 장애물이 아무리 거대해 보이더라도 지금까지 행해왔던 특정 방식으로 대처하면 그것은 사라지거나 다른 길이 나타날 것이다.

어떤 상황이 겹치더라도 정밀한 과학적 법칙을 따라서 부의 길로 나아가는 사람을 좌절시킬 수는 없다. 법칙을 따르는 사람은 부자가 될 수밖에 없고, 이는 둘에 둘을 곱하면 넷이 될 수밖에 없는 이치와 같다.

일어날지 모르는 재해나 장애물, 비상사태에 대해 미리 걱정하지 말라. 그것이 실제로 눈앞에 다가오면 그때도 대처할 시간은 충분하다. 모든 어려움에는 그것을 이길 수단도 반드시 존재하는 법이다.

또한, 말을 조심하라. 낙담하거나 부정적인 말은 자신에 대해서도, 주변 일에 대해서도, 다른 어떤 일에 대해서도 하지 말라. 실패의 가능성을 인정하거나 실패를 암시하는 말도 결코 해서는 안 된다.

시대가 어렵다거나 사업 전망이 불투명하다는 말은 입 밖으로 꺼내지 말라. 경쟁 차원에 있는 사람에게는 시대가 어렵고 사업 전망이 불투명할지 모르나 당신에게는 결코 그렇지 않다. 당신은 원하는 것을 창조할 수 있고, 두려움을 초월해 있다.

다른 이들이 힘겨운 시기를 겪고 사업에 어려움이 있을 때 당신은 가장 큰 기회를 발견할 것이다. 세상을 변하고 성장하는 존재로 바라보고 생각하고, 눈에 보이는 악이 단지 덜 발전해 생기는 현상으로 여기도록 마음을 단련하라.

늘 성장의 관점에서 말하라.

그렇게 하지 않으면 자신의 믿음을 부정하는 것이

고, 그러면 곧 믿음이 사라질 것이다.

결코 실망하지 말라. 원하는 것을 일정한 시간 내에 얻으리라 기대했는데 그때 얻지 못하면 실패한 것처럼 여겨질 수 있다. 그러나 믿음을 유지하면 실패가 겉으로 보이는 껍데기일 뿐임을 알게 될 것이다.

부자의 방식으로 해 나가다가 원하는 것을 얻지 못하더라도, 궁극에는 훨씬 더 나은 것을 얻게 되어 앞서 실패로 보인 일이 사실 대단한 성공이었음을 깨닫게 될 것이다.

이 과학을 공부하던 어떤 사람을 예로 들어보겠다. 그는 어떤 사업을 일으키면 매우 유익할 것이라고 생각하고 그렇게 하기로 결심한 뒤 목표를 이루려고 몇 달 동안 노력했다. 그런데 결정적인 때가 되자 전혀 설명할 수 없는 방식으로 일이 무산되고 말았다. 마치 보이지 않는 힘이 작용한 것 같았다.

그는 실망하지 않았다. 오히려 소망이 이루어지지 않은 것을 신에게 감사했고, 좌절 대신 감사하는 마음으로 꾸준히 일을 계속해 나갔다. 몇 주 뒤, 처음 거래와는 비교할 수 없을 정도로 좋은 기회가 찾아왔다. 그는 자신이 좋지 않은 기회에 뒤엉켜서 훨씬 더 좋은 기회를 놓치지 않도록 자신보다 더 큰 존재가 도와주었다는 것을 알게 되었다.

깊은 믿음으로, 굳은 의지로, 감사하면서 날마다 할 수 있는 일을 하고, 각각의 일을 성공적으로 해낸다면 실패처럼 보이는 일이 모두 더 큰 성공으로 향하는 징검다리 역할을 해줄 것이다.

실패한다면 그것은 충분히 크게 요청하지 않았기 때문이다. 계속해 나가라. 그러면 바라던 것보다 더 큰 결실을 맺을 수 있을 것이다.

타고난 재능이 없어서 실패하지는 않을 것이다. 앞에서 말한 대로 해 나간다면, 필요한 능력들을 모두 계발하게 될 것이기 때문이다.

재능을 계발하는 방법을 다루는 것은 이 책의 범위를 넘어서지만, 그것도 부자가 되는 과학만큼이나 분명하고 단순하다. 어떤 자리에 서게 되었을 때 능력이 부족해서 실패할지 모른다는 두려움으로 주저하거나 흔들리지 마라. 계속 나아가면 능력 또한 계발되어 원하는 수준에 올라 있을 것이다.

제대로 배우지 못한 링컨에게 능력을 주어 최고의 성과를 내고 존경받는 대통령이 되게 한 '능력의 근원'이 당신에게도 있다. 당신이 맡은 일을 해내고자 할 때 필요한 지혜를 지적 존재인 근원 물질에게서 받아라. 굳게 믿고 앞으로 계속해서 나아가라.

이 책을 공부하라. 여기에 담긴 내용을 모두 터득할 때까지 늘 함께하라. 이것을 굳게 믿게 되기 전에는 오락이나 다른 활동도 자제하라. 이와 상반되는 내용을 강의하거나 가르치는 곳을 멀리하고, 비관적이거나 염세적인 글을 읽지 말고, 그에 대해 논쟁하지도 마라.

여가 시간에는 되도록 마음속 그림을 묵상하고, 감사하는 마음을 되새기며, 이 책을 읽어라. 여기에는 부자가 되는 과학적 방법, 그 모든 것이 담겨 있다.

마지막으로 다음 장에 이 책의 핵심 내용을 요약해 두었다.

The Science Of Getting Rich

17장

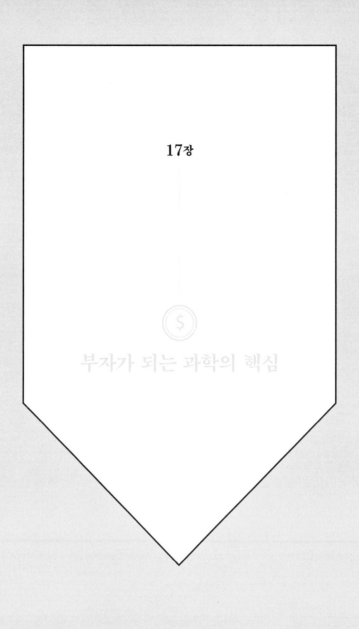

부자가 되는 과학의 핵심

세상 만물의 바탕에는 생각하는 근원 물질이 있다. 이 근원 물질은 우주 전체를 가득 채우고 있다.

이 근원 물질에 하나의 생각이 깃들면, 그 생각대로 사물이 창조된다.

사람은 사물을 생각할 수 있고, 그 생각을 근원 물질에 각인함으로써 사물을 창조할 수 있다.

그러기 위해서는 경쟁의식에서 벗어나 창조적 마음가짐을 지녀야 한다. 마음속으로 원하는 바를 세세하게 그리고, 그것을 얻겠다는 열렬한 의지와 흔들림 없는 믿음으로 나아가야 한다. 의지와 믿음을 약화하는 것들에 대해서는 철저하게 관심을 끊어야 한다.

원하는 것이 올 때 제대로 받으려면 현재의 환경에서, 현재 주변에 있는 사람과 사물을 향해 '지금' 행동해야 한다.

날마다 그날 할 수 있는 모든 일을 하라. 그리고 반드시 효율적인 방식으로 행동하라.

사람은 무형의 근원 물질에게서 받는 축복을 진실한 마음으로 깊이 감사함으로써 그것과 온전히 조화를 이룰 수 있다. 감사는 개인의 마음과 무형의 근원 물질을 하나로 만들어 그 사람의 생각이 무형의 근원 물질에 전달되게 한다. 항상 감사하는 태도로 이러한 합일을 지속해야 창조적 차원으로 나아갈 수 있다.

갖고 싶고, 하고 싶고, 되고 싶은 바를 마음속으로 분명하게 그려야 한다. 이 그림을 항상 마음에 새기고 그것이 이루어지리라는 것을 믿어 의심치 않아야 한다. 머지않아 마음속 그림대로 모두 이루어질 것에 대해 미리 깊이 감사해야 한다. 부자가 되고자 하는 사람은 시간이 날 때마다 마음속 그림을 묵상하고 그것이 현실로 이루어지고 있음에 진실로 감사해야 한다.

마음속 그림을 자주 되새기고 흔들림 없는 태도로 감사하는 일이 무엇보다 중요하다. 이 과정을 통해 무형의 근원 물질에 생각을 전달하고 창조적 힘을 움직일 수 있다.

창조적 차원에서의 힘은 근원 물질이 정해놓은 성장 과정과 이 세상의 사회, 경제, 산업 체계를 따라 움직인다. 이것을 이해하고 부자가 되는 과학에 따라 살아가는 사람은 모든 소망을 실현하고 부를 얻게 될 것이다. 당신이 얻게 될 부는 이 세상과 동떨어진 곳에서 오는 것이 아니라 이미 형성되어 있는 체계 안에서의 거래를 통해 당신에게 찾아올 것이다.

원하는 것이 자신에게 올 때 이를 제대로 받으려면 현재 자신이 있는 자리에서 제대로 해낼 뿐만 아니라 그 이상을 해낼 수 있어야 한다.

마음속에 간직한 그림을 실현하고 그를 통해 부를 이루겠다는 목표를 항상 기억하라. 날마다 그날 할 수 있는 모든 일을 하되, 각각의 일을 성공적으로 해내야 한다. 모든 사람에게 자신이 받는 금전 가치보다 큰 이용 가치를 줌으로써, 거래할 때마다 상대방의 삶이 더 나아지게 해야 한다. 발전적인 생각을 품어서 만나는 모든 사람에게 성장한다는 느낌을 전달해야 한다.

다시 한번 이 말을 마음에 새겨라. 당신이 지금까지 내가 제시한 모든 지침을 따른다면 분명히 부자가 된다. 당신이 얻을 수 있는 부의 크기는 비전이 얼마나 분명한지, 의지가 얼마나 단단한지, 믿음이 얼마나 확고한지, 감사하는 마음이 얼마나 깊은지에 따라 달라질 것이다.

부는 어디서 오는가

초판 발행   2023년 5월 2일

지은이   월리스 와틀스
펴낸곳   다른상상
등록번호   제399-2018-000014호
전화   02)3661-5964
팩스   02)6008-5964
전자우편   darunsangsang@naver.com
ISBN   979-11-90312-81-3 03190

독자 여러분의 책에 관한 아이디어나 원고 투고를 설레는 마음으로 기다리고 있습니다.
이메일로 간단한 개요와 취지, 연락처를 보내주세요. 독자님과 함께하겠습니다.